创业公司的
动态股权分配机制

第2版

理论、实践与案例

蔡聪 著

机械工业出版社
CHINA MACHINE PRESS

如果你和合伙人一起开公司，你们几个商定平均分配股权，结果你做了所有的工作，你的合伙人非常懒散，而他们到年底还照样分红，你会怎么办？

针对静态股权分配所带来的种种问题，本书作者提出了一套公平、公正且能应对变化的股权分配规则——动态股权分配机制，告诉读者如何计算每个合伙人应该获得的股份，如何确定各种生产要素的实际价值，有新合伙人加入或者有合伙人退出时股份如何变化，创业失败后如何清算等，有理论体系，有方法，有工具，有案例。

本书在第1版的基础上，细化了动态股权分配机制落地的实操步骤，同时辅以更多的实践案例，从而帮助读者更好地利用动态股权分配机制合理分配股权，大大提高创业成功的概率。

图书在版编目（CIP）数据

创业公司的动态股权分配机制/蔡聪著. —2版. —北京：机械工业出版社，2021.6
ISBN 978-7-111-68552-4

Ⅰ.①创… Ⅱ.①蔡… Ⅲ.①公司-股权-分配机制-研究 Ⅳ.①F276.6

中国版本图书馆CIP数据核字（2021）第122880号

机械工业出版社（北京市百万庄大街22号　邮政编码100037）
策划编辑：解文涛　　责任编辑：解文涛　李佳贝
责任校对：李　伟　　责任印制：李　昂
北京联兴盛业印刷股份有限公司印刷

2021年8月第2版·第1次印刷
145mm×210mm·7.25印张·3插页·140千字
标准书号：ISBN 978-7-111-68552-4
定价：69.80元

电话服务　　　　　　　　　　网络服务
客服电话：010-88361066　　　机 工 官 网：www.cmpbook.com
　　　　　010-88379833　　　机 工 官 博：weibo.com/cmp1952
　　　　　010-68326294　　　金 书 网：www.golden-book.com
封底无防伪标均为盗版　　　　机工教育服务网：www.cmpedu.com

推荐序

创业前须了解的"动态股权"理念

白文涛

> 白文涛　分享投资创始人
>
> - 1990年毕业于北京大学，2004年获得中欧国际工商学院EMBA学位。
> - 有着近20年的IT企业创业及管理经验，连续创立多家企业并被并购，2007年转型成为专业创业投资人，创立分享投资。
> - AAMA（亚杰商会）创业导师，北京大学企业家俱乐部发起理事，北京大学工学院理事，混沌大学校董，中欧国际工商学院教育基金会创始会员，长江商学院创业导师。
> - 入选福布斯中国"2017和2018年度中国最佳创业投资人TOP100"、投中"2017和2018年度中国最佳创投人TOP100"、界面新闻"2017和2018年度中国顶级风险投资人TOP50"以及投资家"2017年度最佳投资人TOP50"。

股权分配不仅仅是一门科学，还是一门艺术。我在长达二十多年的创业和创投生涯中，接触过不计其数的创业者。一个初创企业的创业者所面临的排在前几位的痛点，除了"融资难和融资贵"，就是如何合情合理地分配公司的股权。我担任了很多创业营和商学院的创业导师，也经常就如何分配企业的股权讲授我的观点。而蔡聪提出了一套有别于许多股权律师和投资人观点的、创新的"动态而且开放"的股权分配理念。这套理念源于其对以前创业过程中踩坑的经验总结。

2015年年末，蔡聪在分享投资内部创办了"群蜂社"：一家线上综合创业服务平台。群蜂社以自身的专业性助力中国的创业创新，为创业者对接钱、人、资源和智慧，让他们创业的起点更高、创业更顺利。

群蜂社本身也是一家在创业路上的公司，因此在设立之初就应用了"动态股权分配机制"。这套机制在群蜂社内部有着与公司章程一样的"宪法"地位，是公司团队协同合作的基石。2016年，群蜂社开始实施这套创新且精准量化的机制。当时我心存一些疑虑，因为我从未见过有公司在应用类似的机制。不知不觉，群蜂社自设立以来已经实施了两期的动态股权分配计划，正在稳步实施第三期。5年下来，我见证了这套机制如何在群蜂社得到严格执行，见证了做出重大贡献的团队成员如何被授予股权成为公司的股东，也见证了团队成员如何从这套机制中获得奖金或分红。我认为这套机制是经过实践检验的，是完全可行的，其规避了许多因为前期股权分配不当而限制公司长远发展的风险。

5年前，蔡聪在这套机制开始实践不到一年时就将其理念著成《创业公司的动态股权分配机制》一书，与所有同在创业路上的创业者分享。经过更多实践的打磨，5年后的今天，蔡聪再版了这本书，融入了群蜂社更多的实践经验。如今，这套机制已经被打磨得非常成熟。

全书分为12章，详细讲述了关于动态股权分配机制的概论、设计及实施，比起第1版更具有实操性。如果你认同"论功行赏、动态分配"的理念，如果你是一个有格局的创业者，如果你看过本书第1版而仍不知从何下手，那这本书会对你有很大的帮助。

强烈建议，每一位创业者在开始艰辛的创业旅程之前多了解各种股权分配的理念，而蔡聪提出的"动态股权分配机制"也许能够给你带来不一样的启发。

序　言

为谁而写

为同在创业路上的小伙伴

如果你与志同道合的小伙伴已经决心要走出为他人打工的"甜蜜区",开始人生第一次轰轰烈烈的创业;

如果你们除了理想、激情、经验、时间、能力以及相互间基础的信任外,仅有刚刚够维持生活的积蓄;

如果你正苦于在资源匮乏的条件下艰难起步;

如果你还在为创业团队成员间的股权分配摸不着头绪;

那么这本书就是专门为你而写的。因为你今天正在经历的就是我已经经历过的,你会在本书里找到一个完整、系统的体系帮助你解决创业前期的困惑。

你很可能因为阅读了本书避免了一次惨痛的失败,很可能无形之中大大提高了成功创业的概率。创业之路是一条艰辛曲折的漫漫长路,说到企业的运营时,我们讲究的是跳出框架,跳出约束,发散思维,大胆创新,随机应变。而讲到团队的合作关系时,我们则希望在团队建立之初就奠定合作的规则和团结的基石,将其契约化并共同恪守。在开干之前,组建一个强大的创业团队，共同约定一套公平合理的合作机制以维系团队的稳定，激发团队的战斗力，可以让你的事业有一个好的开端，大大提高创业的成功率。对于资源越是匮乏的初创团队，这一点更加重要。

为想让老树发新芽的企业家

如果你的公司经过悉心的经营，已经走上了成长的轨道，有健康的现金流或者已经是不差钱的企业，正想通过股权激励计划再次激发团队的创业拼搏精神，本书讲述的"动态股权分配机制"一样适用。

市面上已有大量针对成熟企业如何拿出一小撮股权，对其核心员工进行嘉奖的课程和书籍。但在我看来，大部分分配方式只是"恩赐式"的股权激励，更像是对已经很有竞争力的工资的一种锦上添花的补充，不太可能把员工激励为合伙人。

而本书极力提倡的"设定标准、持续跟踪、动态分配"的思路很可能会对你如何制订股权激励计划有很大的启发，帮助你建立起一个合理的股权分配制度，不但能够留住优秀的员工，还能够激发他们的潜能。员工成为合伙人后，还能为你"栽下梧桐树，引来金凤凰"，为公司注入新鲜血液和创新的动力。

为我的创业伙伴

经过5年的实践，我深信我们会持续地把这套机制应用下去，直到我们获得成功。我们的创业团队在扩张，与其每次引入新的合伙人时，都要给他们重复讲解"动态股权分配机制"，还不如直接出版一本书送给他们，让他们能够充分理解我们团队的创业文化，理解我们如何让大家享受到创业的成果。

为我投资孵化的企业

我不仅是创业者，同时也是一个投资人。我从2008年就进入风险投资行业，群蜂社也投资和孵化创业企业。投资之前，我们都要了解和评估创业团队成员之间的关系，而股权分配机制对团队成员的关系有重要的影响。我目睹了不少初创企业因为股权分配导致散伙的真实案例。如果这些企业是投资之后才出现这样的问题，那投资人就会受到很大的损失。作为尽责的投资管理人，我们不仅帮助所投资的企业解决融资的问题，还根据所投企业的实际情况，提供一系列个性化的投后服务，而股权激励以及股权分配机制的设定就是我们提供的众多投后服务中的重要一项。"动态股权分配机制"的公平原则对维系一个团队成员间的关系有积极的作用，其分配策略很值得借鉴。这也是我写这本书的目的之一，即更便于我们服务被投企业。

我如何与"动态股权"结缘

自从MBA毕业之后，创业与投资就是我人生的两个主旋律。我是一个连续创业者，同时也是一个有多年经验的投资人。作为一个创业者，我的第一次创业就被团队股权的问题搞得焦头烂额，最终不得不卖掉了我的企业，结束第一次创业。我常常思考和反省首次创业失败的原因，归根结底是团队利益分配的不合理，导致团队的不欢而散。我耗费大量的精力维系团队关系并处理其后遗症,以至于我们错失了发展的良机。我有点不甘心,我知道自己一定会再次创业,并开始构思下一次创业的商业模式。但是在没有找到一个让我满意的、可靠的股权分配方案之前,我不会轻易启动新的创业,我不想再一次因为团队的问题而失败。

一次偶然的机会,我看了一本名为《Slicing Pie》的电子书。这本书的作者迈克·莫耶(Mike Moyer)先生是美国芝加哥大学的MBA,一名连续创业者,从多次的创业中总结出初创企业股权分配的经验和教训。迈克·莫耶先生提出的论功行赏、动态分配的"动态股权分配机制"正是我认可的理念。

2015年年末,我开始了再一次创业:用"众筹、众包、众扶、众创"的社群理念打造了一个创新的创业服务平台——群蜂社。对标美国的股权众筹平台Angel List,助力中国的创新创业。在创业开始时,我在公司的微信公众号发表了一篇文章《创业如何维系强大执行团队——白手起家的动态股权分配机制》。这篇文章总结了我曾经在创业失败中学到的经验,并向共同创业的小伙们阐述我们要运用的股权分配机制的具体内容。这篇文章被机械工业出版社的解文涛老师注意到了,他联系了我,并力邀和鼓励我将这套动态股权分配的理念写完整,写成一本书。

作为一个作文成绩平平的理科生,我做梦也想不到我能写书。忙碌的创业占据了我大部分的时间,而允诺给孩子的陪伴时间又榨干了我的私人时间。答应给解老师的书稿一拖再拖,一直拖到2016年的暑假。趁着暑假孩子们去外婆家的时间，我每天都在写作，一口气写完。终于，在2017年年初，我有幸出版了人生的第一本书《创业公司的动态股权分配机制》（第1版），这本书也成了管理类的畅销书。

这本书给我带来的改变

第1版出版后，不少机构和社群邀请我做"动态股权"的专题分享，也有不少读者通过各种途径联系到我，甚至专程前来与我会面交流。作为创业投资人和创业者，我非常喜欢与创业者为伍。这本书让我结识了很多同在创业路上的朋友，让我有机会聆听他们的创业故事，甚至我还利用群蜂社支持了他们当中的一些项目。

在推广动态股权分配理念的道路上，我发现我不再孤单。不仅是创业者，还有律师以及创业服务机构都越来越认同"动态股权分配"的理念。例如，"比例线"组织就是在罗毅律师以及他的合伙人读了我的书之后，专门设立的推广"动态股权分配"理念的律师组织。该组织从2018年开始在全国多地共举办了十几场面向律师和创业者的动态股权分配讲座。他们还把我捧为"中国动态股权第一人"。

得益于大家的分享和传播，"动态股权分配"的理念在中国开始生根发芽。我想我一定不是第一个提出这套股权分配理念的人，但我可能是中国较早把这套理念与中国的创业环境结合起来，形成一个完整的理论框架和执行方案的人。从这一点来看，我是幸运的。我非常荣幸，有这么多从事不同行业的创业者认同这套理念，并且像我们一样在创业中实践。我也非常荣幸能够给创业者们一些灵感，让他们完整地思考股权分配这个难题，以应对复杂多变的创业环境，让他们的创业少走弯路，减少因团队合作失败而导致创业失败的概率。我的人生也因为自己能给社会留下一点智慧而更有意义。

为什么要写第 2 版

第 1 版出版后，为了让种子读者更好地交流，我特意建立了一个动态股权分配机制交流群，让大家可以充分探讨在实践中遇到的问题，我也会在群里解答大家的疑惑。群中有位叫王春刚的读者读完全书后，将动态股权分配机制总结为一首诗：

> 合伙共同立契约，阶段设定里程碑。
> 理清找出贡献点，量化体现贡献值。
> 计算模型准备好，依约贡献计行权。
> 绳纲原则定份额，动态分配最核心。

他总结得非常到位，浓缩了"动态股权分配"的理念和思维框架。虽然有不少人能够理解"动态股权分配"的理念，但也有人向我表示，我讲的内容他们都明白，也都深有体会，但落地这套机制的时候又不知道如何下手。有人制订了方案，但心里没有底，不知道是否合理，让我提意见。有人甚至直接提出付费让我给他们制订一套方案。

确实，对于一个像我这样有着不错的工商管理、财务和法律知识的创业者，这套理念并不难落地。但是对于许多不具备这类知识背景的创业者来说，他们可能执行起来并不那么得心应手。我很想帮助他们落实这个机制，但要制订一套切实可行的动态股权分配机制，必须对项目所处行业、商业模式、各个合伙人的情况非常熟悉，这会耗费大量的时间和精力。无奈我本身也在创业，现在还无暇做这项工作。

在出版社解文涛老师的鼓励下，我利用2021年春节一连七天的假期，一口气写了第2版的主体内容。之所以有这么高的效率，是因为自群蜂社设立以来，我们就一直持续使用这一套机制，书稿的内容框架早就在我的脑海中形成了。我重写了第1版80%的内容，加入了群蜂社成立5年以来实践这套机制的心得和经验。我也尝试回答，在第1版出版后的5年中，我与许多实践这套机制的创业者的交流过程中，被问及的一些常见问题。在第2版中，我为这套机制增加了从设计到执行的细节，让这套机制更具有指导意义和可执行性。

致谢

《创业公司的动态股权分配机制（第2版）》的出版有赖于众多在实践此机制的创业者的反馈、质疑和分享。在此，我要向他们表示衷心的感谢。

我也要感谢我的团队成员,他们充当了这套机制的"小白鼠"。他们的表现及反应使得我不断去思考怎么去完善这套机制。

我还要感谢我的伯乐和创业导师白文涛先生,是他给了我充分的信任,并给予我实践和打磨这套机制的机会。

最后,我要把这本书献给我的父母,感谢他们的养育之恩。

蔡　聪

2021 年 3 月 27 日 于深圳

目 录

推荐序　创业前须了解的"动态股权"理念
序　言

第一章　股权与期权——初创团队吸引"人才"和"钱财"的利器 // 001

01
股权与创业 // 002
股权用于表彰，期权用于激励 // 005

第二章　静态股权分配的教训 // 007

02
我作为创业者的教训 // 008
　我的创业机会 // 008
　根据对未来的期望来分配股权是错误的 // 010
　过早的慷慨引来的灾难 // 012
占便宜的事是不可持久的 // 014
失败的股权分配是团队的第一杀手 // 016

目 录

第三章　动态的股权分配机制才能适应不断变化的创业环境 // 017

静态的股权架构与创业企业面对的环境相矛盾 // 018
大部分创业者分配股权的方式：根据预期固定下来 // 020
股权分配是一项艺术，是一种组织理念，而不是一个公式 // 024
一定要有人能控股吗 // 025

第四章　动态股权分配机制概论 // 029

怎样才算好的股权分配机制 // 030
让创业也变成一场游戏 // 033
动态股权分配的步骤 // 035
案例：群蜂社，我的第二个创业项目 // 036

第五章　与谁合伙——建立开放的创业团队 // 041

吸收新合伙人 // 043
明确激励的范畴 // 047
股权激励可不局限于员工 // 048
接受新合伙人的机制 // 050
清退合伙人的机制 // 051

第六章　谁来建立机制 // 055

核心合伙人的初始确立 // 056
核心合伙人领导力的延续——贡献 // 057
动态股权分配帮你确立核心地位 // 060
团队核心合伙人应该有的格局 // 062
公开透明，取得共识 // 064
机制本身也可能动态修订 // 066

第七章 设计动态持股架构 // 069

持股架构 // 070
 直接持股法 // 070
 间接持股法 // 071
存量股权 VS 增量股权 // 075
部分动态 VS 全动态 // 077
 部分动态股权分配 // 077
 持续分配增量股权的全动态股权分配 // 078
 区分内外部股东的全动态存量股权分配 // 080
 分部门动态股权持股架构 // 081
案例：群蜂社的部分动态间接持股架构 // 083

第八章 制定分配股权的里程碑 // 089

里程碑与股权切割 // 090
创业企业的发展阶段 // 095
常见的里程碑 // 097
案例：群蜂社的里程碑与股权切割 // 099
股权的纵向切割：分部切割 // 100
转股对价 // 102
 期权三要素 // 102
 对价是否要考虑贡献值 // 104
案例：群蜂社的转股对价 // 106
案例：SugarX 公司典型的动态股权方案演示 // 108
 动态股权分配机制的初始设置 // 109
 第一个里程碑的股权分配 // 113
 在工商登记中体现动态股权分配 // 114
 外部投资人的加入 // 119

第九章 贡献点和贡献值 // 123

09

设定贡献点的原则 // 125

贡献点的要素 // 128

创业企业常见的资源型贡献点 // 131

 合伙人投入的现金 // 131

 非执行合伙人投入的现金 // 132

 全职合伙人未领取的工资 // 134

 合伙人投入的物资与设备 // 137

 人脉关系 // 138

 创业前合伙人的知识产权 // 139

 办公场所 // 144

 兼职合伙人的投入 // 145

 以个人资产为公司担保取得贷款 // 146

 常见的资源型贡献点和贡献值小结 // 146

业绩型贡献点 // 148

 关于 KPI // 149

 把 KPI 与动态股权分配机制打通 // 150

贡献点的可提现性：把奖金和提成制度与股权分配打通 // 151

 业绩型贡献点的举例 // 154

贡献点要素：适用对象 // 155

贡献点要素：记账时点 // 156

案例：群蜂社的贡献点 // 157

 负贡献点的含义 // 160

 防止"惊喜"对激励性的削弱 // 162

 细微之处授予裁量权 // 163

 在实践中不断打磨贡献点 // 163

贡献点的设置繁简由人 // 165

第十章　回购 // 169

- 转股时的"二次把关" // 171
- 《公司法》没有赋予公司回收股权的权力 // 174
- 合伙人要求公司回购股权的权利 // 178
- 回购权的设计 // 180
- 对未转股的贡献值的处理 // 183
- 行使回购权的考量 // 184
- 设定股权成熟等待期 // 187

第十一章　机制的润滑剂：附属条款 // 189

- 禁止同业竞争约定 // 190
- 股权的转让限制 // 192
- 避免对外出售影响公司市值 // 195
- 未转股的贡献值的表决权和分红权 // 197

第十二章　账本 // 199

- 贡献值账本 // 200
- 奖金账本 // 204
- 股东名册和账本 // 206
- 建立内部股权交易所为股权提供流动性 // 212

第一章

股权与期权
——初创团队吸引"人才"和"钱财"的利器

股权与创业

在中国,公司是指依照《中华人民共和国公司法》(以下简称《公司法》)在境内设立的有限责任公司和股份有限公司。公司是企业法人,有独立的法人财产,享有法人财产权。公司以其全部财产对公司的债务承担责任,有限责任公司的股东以其认缴的出资额为限对公司承担责任,股份有限公司的股东以其认购的股份为限对公司承担责任。

自然人主要通过两种方式来投资一家公司,债权投资和股权投资。公司的资产负债表清晰地表明了公司资产的主要来源,以及资产、负债和所有者权益的关系,即资产=负债+所有者权益(见图1-1)。债权和股权都代表了未来从公司获得收益的权利。负债的部分就是公司的债权人持有的这家公司的权益,而所有者权益就是公司的股东持有的这家公司的权益。债权通常有一个特点,就是其通过偿本付息的方式来偿还,利率一般固定，未来可以获得的回报是可预测的。而股权则不一样，上不封顶。随着公司的发展，资产可能越来越多，偿还了金额相对固定的债权人的债务后，剩余的都是股东们的。当然风险和收益是成正比的，当公司经营不善，面临清算时，公司的剩余资产优先偿还的是债权人的债务，有剩余的再偿还股东。公司股东分红也是一种剩余的价值，"剩余"表现在清偿了债务的利息之后的净利润。所以，股权的本质就是获得公司"剩余价值"的权利。

图1-1 资产负债表的结构

对于大多数人来说，我们从公司创造的价值中获益。作为公司的员工，我们用时间和精力换取工资收入；作为公司的债权人，我们用出让资金一定时期的使用价值换取利息收入；作为公司的股东，我们把资金交由公司支配换取公司的剩余价值。作为公司员工，获得的工资收入是一种主动收入，工作就有收入，不工作就没有收入；作为债权人，获得的本金和利息是一种被动的收入，债权人通常不参与公司的经营管理，他们除了资金外，无须再对公司投入其他资源；作为一家成熟的盈利的公司的小股东或者外部股东，会获得股息和股权的资本增值，也是一种被动收入。被动收入模式和主动收入模式相比，最大的区别就像是你可以去旅游，去打高尔夫，但有人帮你赚取旅游和打高尔夫的钱（被动收入）。但如果你是一家初创企业的原始股东，那么这种股权投资就不是一种可以"坐享其成"的被动收入了，因为你的收入与你投入的时间和精力密切相关。初期它更是一种主动收入，而成功后，很可能就是一种一劳永逸的被动收入。

从安全保障度和公司财产的分配优先次序来看，工资收入无疑是保障度最高的，其次是债权收入，最差的是股权收入。但从收益性来看，顺序刚好相反。过去十几年中国大城市的房产价格涨了十倍，而整体工资收入也就涨了一倍。在经济飞速发展的时代，资产价格的增长速度要远高于工资收入的增长速度。年轻人要靠工资收入在大城市里置业，可能需要省吃俭用奋斗一辈子。我经常对身边的年轻人说，打工这种创造主动收入的模式不会让我们过上从容不迫的人生，我们需要转变获得收入的模式，从主动收入变为被动收入。而创造被动收入的方法就是创业与投资。投资需要足够多的原始积累，大多数普通人都不具备这种条件。创业，尤其是在风险投资非常踊跃的今天，其门槛已经大大降低，大众创业的时代已经来临。你需要在你认为已经准备好的时候，想方设法创造或者加入一家创业型的公司，找到与你志同道合的小伙伴。创业吧，有志青年！

不仅是为了响应李克强总理提出的"大众创业、万众创新"的号召,也是在这种经济环境下,作为一个有抱负的年轻人,要实现从容不迫的人生,其实别无选择。

成功的公司就像是一台印钞机,而这家公司的股权就是这台印钞机的"提款卡"。我们的目标很清晰,我们要制造"印钞机",获得"提款卡",让我们有从容不迫的人生。

股权用于表彰,期权用于激励

理想很丰满,但是现实很骨感。创业,谈何容易。作为一个普通人,要钱没钱,要资源没资源,能行吗?确实不容易,但不是不可能。虽然没有钱和资源,但只要你还有一腔热情,只要你已经有一定的行业经验和工作技巧,只要你还有一个志同道合、同心同德的团队,没有的东西我们可以有技巧地创造和整合。没钱不要紧,我们先"欠着"。公司能够先欠而后还的钱就是公司的债务。但很可惜,初创企业的债权被大部分人认为是高风险的,相对于其低收益,这种投资绝对不是一种聪明的投资。而债权的固定期限和刚性的兑付属性也加大了公司的流动性风险，不是初创公司首选的融资解决方案。

所幸，我们除了可以欠钱，还能出让股权。前面我们讲述了一家成功企业的股权是非常有价值的。虽然现在公司还没有成功，但是公司未来也许会成功，既然成功企业的股权这么有价值，那么我们就可以出让公司未来的股权，用这个未来的承诺来兑换我们现在迫切需要的资源。承诺在未来给的股权就是"期权"，期权又称为选择权，是持有人可以根据事先的约定，在未来某一特定时段，以特定的价格，自主选择是否兑换成公司股权的权利。因此，期权就是未来的股权，这种选择权也许价值连城，也许一文不值，这取决于你对公司未来价值的预测。而获得这种期权的人除了祈祷之外，还能亲手创造公司未来的价值，自然而然他就会为公司带来所需要的资源，帮助公司发展壮大。因此股权仅适用于表彰已经为公司做出贡献的人，而期权才适用于激励将要为公司做出贡献的人。初创企业没有钱，但是有一样强大的金钱替代品：期权。用好这个工具，可以帮助企业换来最需要的资源。

本书所讲述的"动态股权分配机制"就是用未来的股权来激励创业团队的合伙人，我们通过一套严密、公平并且切实可行的完整体系，将合伙人未来得到的与现在付出的紧密地联系在一起，促使每一个合伙人为公司带来更多的资源，为公司做贡献。了解什么是股权，什么是期权，两者的本质是什么，这对于理解动态股权分配机制非常重要。

第二章

静态股权分配的教训

我作为创业者的教训

企业成功的原因往往是独一无二的,而企业失败的原因往往很相似。很多创业企业失败的原因不是因为有强大的竞争对手,不是因为腾讯或阿里巴巴进入了你的领域,更不是被技术所颠覆,而是自身的问题。自身的问题中最大的问题就是团队的问题:团队失去了战斗力。团队失去战斗力的原因归根结底就是他们认为付出得不到相应的回报,不值得再为这个组织卖力。股权分配的不合理很容易造成满腔热血的创业团队失去战斗力。第一次创业的失败给了我惨痛的教训,失败就源自于错误的股权分配。

我的创业机会

2008年我在伦敦商学院交换学习,伦敦是一个很有味道的城市，天气一旦放晴，天空尤其美丽。我是一个摄影发烧友，没有课的时候，就会背着单反照相机到处游玩拍照。我发现国外有些爱好摄影的人常常会将自己的得意作品上传到一些叫作免版税素材图片库的平台上销售。图片的使用者一般是广告公司、出版社、杂志社，它们在这些图片库中挑选适合自己使用的图片，然后支付授权费购买图片的使用权，这笔授权费由网站和投稿人按一定的比例分配。这个模式很好，对于网站来说，不用压任何存货，先收钱再产生成本。无形资产可以永久存储，数据沉淀下来，就可能产生收益。图片库一旦形成了规模，门槛就会越来越高。我当时就针对中国的情况做了一个全面的行业研究，发现采用这个模式的网站并不多，这是一个不错的创业机会，而更重要的是这个我能做。2009年我在中欧国际工商学院MBA毕业后，放弃了深圳的创投机构分享投资给我的工作机会，尝试了我人生的第一次创业。我和另外两位伙伴在中国创办了一家通过网络销售商业素材图片的网站，这个项目持续了好几年，直到2015年，我把它出售了，结束了第一次失败的创业。2012年，我们对标的美国企业ShutterStock在纽交所上市，上市不到2年股价涨了近5倍，市值30亿美元。这显示了这个商业模式是完全可行的。这几年来我一直对这段创业经历进行反思，究竟为什么会失败？

作为一个商业管理科班出身的毕业生，我非常清楚创业绝对是一个"团队运动"，我完全理解初创企业最重要就是组建一个有强大执行力的团队。当初创业的时候我信心满满，而对未来员工的期权、股权激励更是我精通的事情。然而，没有等到需要用期权、股权对员工激励的时候，我就已经结束了这次失败的创业。到我写本书第 2 版的时候，十年的时间过去了，打造一家中国版"ShutterStock"的机会也依然在那。赛道一直在那，赛道也很好，就是选手自己垮了，没跑下来。

对我的这次创业来说，失败在一开始就已经注定，不是商业模式不对、行业不好、竞争太激烈，而是最初的股权安排就决定了我的团队和公司走不远。

创业初期，我和其他两位合伙人共同出资成立公司。这两个人是和我关系很好的而且认识了很久的朋友，我们之间有比较坚实的信任基础，很多人第一次创业很自然地就选择了身边最值得信任的朋友作为创业合伙人，我也不例外。

根据对未来的期望来分配股权是错误的

财务专业出身的我是属于风险厌恶型的人，第一次创业我选择了一个很保守的股权分配理念，大家平均分担风险。我占股权的 34%，其他两人各占 33%。当时我们约定我全职做这个项目，而其他合伙人先兼职做，但会尽快全职到位。我领着全职薪水，当然这个薪金水平比我正常的薪酬水平要低很多，给了公司"创始人折扣"，而其他两位合伙人因为是兼职，领着我一半的薪水，也给了公司"创始人折扣"。然而，我们的股权分配方式是一个糟糕的安排。

两位搭档迟迟没到位。一位合伙人负责技术，他是另外一家公司的技术总监，这家公司的技术团队为我们提供外包的技术服务，他的身份比较尴尬，他既是我们供应商的技术总监又是我们公司的技术总监。他的工作就是安排他的技术团队帮助我们开发网站，估计大家都分不清他是为哪一家公司工作，但是领着双重的薪水。而另外一位合伙人，他的本行是建筑设计，是一个有创意的人，总能提供一些很好的建议和点子，虽然他确实辞去了原来的工作，但他渐渐意识到好像也帮不上什么忙，因此一直没有进入创业的状态。

公司刚开始的大半年时间，只有我一个人放弃了高薪的工作以及我一直想从事的风投职业，以"打折"的薪水带着几个全职员工运营着公司。我绝不是个斤斤计较的人，刚开始觉得怎么分配无所谓，公司做起来再说。但不合理的股权比例设置不知不觉消磨了我的积极性，我付出了很多，但只得到了1/3的回报，某种意义上我感觉自己还是在为别人打工，而且是领着打了折的薪水。终于，有一天，我觉得为了公司能够可持续发展，有必要提出重新设置股权比例这个问题。当然，谈到利益分配总是伤感情，尤其是对于一个已经约定好并且实施了这么久的机制，而选择在公司有一点起色的时候谈就更加让人怀疑你的动机。刚开始虽然有点尴尬，但谈得算是比较顺利，大家同意我持有更多的股权以维持我的积极性，我持有的股权以增资的形式增加到51%的份额。这次谈判虽然不至于直接让团队解散，表面上还是比较愉快的，但我感觉到团队相处的心态却发生了一些微妙的变化，大家开始比较在意对方所获得的是否与其所贡献的相匹配，相互的要求也提高了。最终我们因为在经营理念方面有一些分歧而导致散伙。但我不想放弃初见起色的公司，于是我买回技术总监的股权准备再组建一个团队，在新的技术合伙人进来之前，公司暂时失去了基本的技术支持。在这期间，我用我那比较有限的技术维护着服务器，有时解决不了就直接去机房重启服务器。

所幸，我与最初一起创业的两个老朋友并没有因为这一次合作失败而断交，我们仍然是好朋友，继续来往。

过早的慷慨引来的灾难

我很快找了一名技术合伙人，可能因为技术迫切需要支持，我并没有好好地反思股权分配的重要性，再次犯了一个严重的错误：过早地把股权送出去。合作没多久，我让这位新合伙人把他提供的技术服务折成10%的股权，并再给他赠送了15%的股权。随后证明这是一个完全不能胜任而且沟通能力很差的人，我们的沟通完全不在一个"频道"上。他甚至有点骑墙，同时还干着其他的项目，看看哪一个项目能够做起来再做抉择。我们一般把这样的人叫做Free-rider（搭乘顺风车的人）。公司发展初期的股权一文不值，这些股权对他来说一点激励作用都没有，更糟糕的是我还要付给他远比他提供的价值更高的薪水。对他来说，哪怕我的公司最终倒闭，我给他的股权一文不值，他也没有什么牺牲，大不了就当是接了一个利润不太高的活而已。他后面的工作被动而消极，仅做一些"维护性的""抢修性的"工作，没有主动去发现问题，改善系统的功能，提升用户体验。他的工作态度也有严重的问题，其出发点是自己开发的便利性，而不以用户的体验和业务的本质为依归。勉强合作了一年多后，我意识到，再继续下去，对我们的公司非常不利，公司氛围也非常不好。最后我不得不解雇他，我提出要原价回购他折股的10%的股权，并且收回我赠送给他的15%的股权。如果是我的话，要是别人认可我，希望与我合伙，慷慨地送我股权，而结果是我获得不了他的肯定和认可，我会把他赠送给我的股权退给他，"挥一挥衣袖不带走任何一片云彩"，然后告诉他"我的退出是你的损失"。而他居然狮子大开口，开出一个很不合理的高价，并且表示如果我们不同意的话就赖着不走。是的，这就是他作为股东的权利，他确实也有这样的权利。

这个世界上什么样的人都有，我们需要慎重地选择合作伙伴，更加慎重地赋予股权。"合伙"与"婚姻"一样都是强法律关系，解除这种法律关系的成本不低。

最后，我们还是协商不成，这直接导致了我后来将公司的资产卖掉了，结束了这一次创业。因为我和我的团队都没有任何的激情再做下去，一个没有任何贡献的人，没有投钱，没有投入精力，也没有冒任何的风险，却拿走了团队25%的努力成果，这是致命的打击！这一次股权分配的结果比第一次更加糟糕。

这一次创业失败并没有给我带来经济损失，但我却损失了机会，这是我第一次创业的惨痛教训。后来我对这次创业失败好好地进行了反思，我认为两次糟糕的股权分配是我创业失败的一个关键原因。

占便宜的事是不可持久的

2013年，我又获得了一次创业的机会，这一次是其他人邀请我创业。

近年来，光伏组件的成本大幅度降低，国家也出台了光伏发电的补贴政策，这使得光伏发电在成本上已经初步具有经济效益。当时我的两名校友正想在中国普及个人屋顶发电项目，他们选择在深圳做第一个试点，因为我的住所有屋顶，作为一个环保分子、新能源爱好者，我自告奋勇成为他们的第一个试验客户。他们以成本价格给我装了一套系统，作为他们创业的示范工程，作为深圳的第一个使用个人分布式发电站的居民，我也配合他们频频接受媒体的采访。因为对光伏发电的技术以及商业模式有所研究，我也给他们的创业出谋划策，建议他们把美国 SolarCity 家用光伏发电站的商业模式引入中国。这两名校友后来邀请我加入他们一起创业，而我因为有正职的投资工作，无意加入他们，他们甚至主动提出让我入股 10%，邀请我成为他们的股东，希望我能够在公司运营方面以及融资方面帮到他们。这对我来说是多么好的一件事，以成本价投资一家企业，让别人去打拼，而我可以坐享其成，其实我后续能够提供的帮助并不多，也花不了多少精力。但是，我拒绝了。因为，作为一个不参与日常经营的人，持有他们 10% 的股权，无疑减少了他们成功的概率，影响到他们的积极性，因为股权的 10% 被一个贡献不大的人拿走了。虽然我占了便宜，但这种便宜是不会持久的。根据以往的教训，这样的股权结构很可能会导致一个团队的失败，从而导致创业失败。一旦创业失败了，这 10% 的股权将变得毫无意义，为了提高他们成功的概率，我提议我不参股，但如果帮到他们，视贡献给我分配一点利益即可。这个方案比给我参股 10%，对他们和大局更加有利。

失败的股权分配是团队的第一杀手

位于纽约的咨询公司 CB Insights 在 2014 年对约 100 家倒闭的初创企业进行了调研,让这些企业的创始人填写自己企业的"验尸报告",整理创业失败的主要原因。在前 20 个失败原因中,与团队直接相关的原因就占了 3 个:组错队、团队成员相处不和谐、对工作失去热情。

在过去十年的时间里,我都在创业和做早期创业投资。早期的创业企业几乎没有固定资产和有形资产,投资企业其实就是投资团队。要理解各个核心成员的能力和背景不难,而把握团队成员之间的微妙关系,判断团队是否具有持久战斗力是最难的部分。判断一个团队的持久战斗力时,我通常都会研究和关注团队成员间的股权分配现状和机制。因为这往往是最容易导致团队成员相处出现问题的原因,是团队合作的第一大杀手。因为股权分配问题而导致团队出现问题从而影响到企业发展甚至导致散伙的案例比比皆是。

第三章

动态的股权分配机制
才能适应不断变化的
创业环境

静态的股权架构与创业企业面对的环境相矛盾

所谓创业企业是相对成熟企业而言的,创业企业有创新的属性,探索创新的商业模式。创业企业重"探索",成熟企业重"管理"。在创业企业探索的过程中,经营场景在变化、产品在变化、团队的心态也在变化……唯一不变的就是变化。创业企业探索可行的商业模式是持续不断进行的,贯穿整个创业过程。一旦商业模式被验证,就要开始投入重要的资源,建立组织执行商业模式。如果当初设想的商业模式是错的,就要尽早转型。转型不代表失败,初创企业经过几次转型找到适合自己的发展路径和商业模式是非常常见的。转型不是什么洪水猛兽。我目睹过太多这样的创业案例了,公司落地执行的商业模式与计划的商业模式截然不同(见图3-1)。正如马化腾也预料不到腾讯做 QQ 即时聊天工具，最终靠游戏获得巨额收入一样。因此股权架构需要动态地进行调整，这是由创业企业所面对的不确定的环境所决定的。

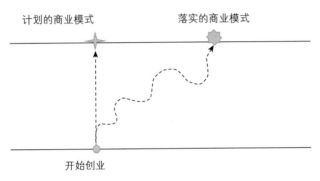

图 3-1　创业企业的不确定性

创业政策咨询机构 Startup Genome 研究发现：创业企业往往需要比创始人预期多 2~3 倍的时间去验证其创业模式，转型 1~2 次的创业企业有 3.6 倍的用户增长并且获得 2.5 倍的资金支持。没有转型或者转型 2 次以上的创业企业的发展会差很多。在商业模式被验证之前，创始人往往会高估商业点子的价值 2.25 倍。看来"转转更健康"。

大多数的创业者都无法准确规划自己的企业发展趋势，又如何确保自己的团队成员组成和股权结构一直适应公司的探索和转型呢？所以，对于处于千变万化的环境中的初创企业，股权分配机制必须是"动态"的，从而适应公司的迭代以及快速转型。

大部分创业者分配股权的方式：
根据预期固定下来

诺姆·沃瑟曼（Noam Wasserman）在《创业者的窘境》一书中提到，多达73%的创业者，跟我第一次创业的做法一样，在开始创业的时候就做股权分配，约定各个创业成员占有的比例，并没有动态调整的机制。诺姆·沃瑟曼教授认为如何分配股权是没有标准答案的，完全依赖于创业伙伴间的谈判。但他对创业案例进行了统计分析，认为有四个因素影响合伙人之间股权分配的结果，分别是：过去对企业的贡献，合伙人的机会成本，预期未来的贡献，合伙人的驱动力以及偏好。

（1）过去对企业的贡献

提出创业点子的合伙人一般会分得较多股权，注入创业所需资本的合伙人也会分得较多股权。

（2）合伙人的机会成本

合伙人为了创业而放弃原来职业发展所损失的成本越高，

就会获得越多的股权。

（3）预期未来给企业提供的贡献

创业者是否有连续成功创业的经验、是否全职、担任什么职位都会影响到他们未来能够给企业带来的贡献。预期未来给企业提供的贡献越多，就会获得越多的股权。

（4）合伙人的驱动力以及偏好

合伙人对财富的追求意识越高，其获得的股权就越多；合伙人越是风险追求型的性格，就越倾向于获得股权而不是薪金；合伙人对"不公"的容忍度越低，就越倾向于争取更多的股权。

用这种方法确定初始股权是可以的，但关键在于这是一个"雷打不动"或者"基本格局已定"的股权架构，还是会有一个后期"动态调整"的机制。如果是前者，就是一个"静态"的架构，试图一开始就预测未来。如果是后者，则是本书所主张的"动态分配机制"。

创业团队在开始创业时总是信心满满，他们倾向于往好的方面想。他们倾向于理所当然地认为每个成员的信心、激情、专注度都会延续到未来，团队的关系以及组成会持久稳定，每个人的工作任务以及公司所需要的技能一成不变，短暂过去的表现代表着遥远未来的表现。另外，一起创业的创始人之间总是有一定的信任基础。不少人认为，还没有开始干，就花太多时间讨价还价分股权不利于团队成员之间的关系，打击团队的创业士气，因此大家都表现出一副"不在乎个人得失"的样子，凭自己的感觉粗略地谈了一下，握握手，成交！对的，我的第一次创业，我们就是这样分配股权的。

在创业伙伴彼此了解之前就分配公司的股权隐含着伙伴之间对彼此能力与专注度的主观预测，这种主观预测很可能会高估或者低估某一位合伙人的能力与专注度。随着企业的发展，大多数创业者总会不经意地高估自己对企业的付出和贡献，而低估其他人的付出和贡献。这很正常，因为当你衡量自己的付出和牺牲时，你是以过程为导向的，你能够清楚地感知到自己为这家公司付出的每一滴汗水、每一分钟、每一个不眠的夜晚。但其他合伙人能够感知到的只有你最后展现出来的结果。你可能为了获得这个结果做了许多的无用功，但别人对你的贡献的评价是以结果为导向的，用结果来反推过程。因此随着时间的推移，其他合伙人对你的评估会与你对自己的评估有越来越大的差异，你对其他合伙人也一样。当这种差异超过一定的"容忍度"，股权分配比例的短暂平衡就会被打破。

除了前面提到的人性认知的特性外，对于初创企业，有太多的因素会促使团队成员重新审视各自的股权比例。例如，公司前期开发工作的比重大，开发完成后营销推广工作的比重较大，如何体现这一变化？公司要引入一个技术"大牛"，应该怎样给他股权？发起这家公司的创始人原来只是提供了一个点子，投入的钱也不多，他的股权会不会太多了？某位成员离职了，他的股权怎么办？

每一次团队意识到有必要调整股权分配的比例时，都是一次对人性的考验。谈判过程对合伙人更是一个煎熬，搞不好应付的律师费比他们从这家公司赚到的钱还多。我给许多创业者组织做过关于"动态股权分配机制"的分享，有个别听众认为在开干之前就和合伙人谈怎么衡量他们的贡献，怎么调整大家的股权，这个很容易引起"事情还没有做，团队关系就变得紧张"的现象。这有点"掩耳盗铃"的感觉。对问题视而不见，采取规避的态度，就能让问题得到解决吗？怎么分配股权是迟早要谈的问题。是开干前谈容易，还是开干之后谈容易？是公司估值只等于公司实缴资本几百万元的时候谈容易，还是公司对外融资后估值高达1亿元的时候谈容易？这是无法回避的问题，合伙人之间应先把分配的原则谈好。

　　涉及利益分配的谈判过程有时候可以让你直达一个人的内心，了解其与你创业的真实诉求，以及他的价值观、人生观、风险偏好、格局和个性。这跟我做投资与创业者谈投资条款时是一个道理。有些创业者第一次与我见面表现得信心满满，预计两年收入3000万元，实现盈亏平衡。那我就根据他给我的预期设计投资条款。我可以相信他，但如果做不到，我们之间的股权就要做一些大幅度的调整。这时候他迟疑了，各种不愿意，估计他心里面在想："原来吹牛要成本的！"这使我更了解他心里真实的把握有多大。

股权分配是一项艺术，是一种组织理念，而不是一个公式

我经常被创业者问这样的问题："蔡老师，你看看我们这样的股权比例是否合理？"在我对他们公司的商业模式、团队成员没有任何了解的情况下，我如何能判断他们这样的股权比例是否合理？从他们问问题的方式，我就知道他们认为股权分配有一个固定的标准。

我知道社会上有许多"创业导师"或者股权律师用一种"傻瓜式"的方法教大家分配股权。最常见的"教条"是，他们会主张核心创始人绝对控股，比如分得50%~70%的股权，然后其他的创始人分得10%~20%的股权，再预留一个10%~20%的用于员工激励的期权池。在他们看来这是最合理的股权分配比例。确实，我见过很多投资人对创业企业股权架构的审美观也是这样的。

一个静态的股权分配机制是否合理有很多因素要考量：团队成员各自领多少钱工资？他们为了什么而创业？他们各自冒了什么风险？他们对创业的专注度如何？他们对团队的重要性

和不可替代性如何？他们是追求短期利益还是长期利益？他们更看重工资还是股权？

按照这种套路，静态地约定好创始人之间的股权比例，不一定会导致公司出问题，尤其是对于那种都比较"佛系"的、已经实现财务自由的创业者。我们投资的一家做基因检测和体外诊断的公司，由三个高中同学共同设立。三位同学的关系一直很好，相互认可，他们一开始就静态地约定了彼此的股权比例，也比较平均。在我看来，他们之间的股权安排可能对其中某个创始人不太公平，他的股权并不多，很长一段时间他是全职的，领着象征性的薪水，其他两位创始人还在大学保留着教职领取大学的薪水，并没有承受很大的创业风险。我们投资了他们公司将近4年，我观察到他们三人并没有因为静态的股权比例而影响创业的积极性。也许，这位全职的创始人已经实现了财务自由，已经不在乎得失，但这种情况并不常见。

一定要有人能控股吗

上面提到的"傻瓜式"设置股权的方法，还隐含着一个指导思想——公司一定要有一个股东拥有控股权。他们认为有一个"一个人说了算"的偏"独裁"的股权架构更好，更有效率，更适合初创企业。

实际上，这种"傻瓜式"的分配方式仅适用于"不差钱"的老板，也就是老板投入了大部分的资金，其他团队成员按照"市场价"领取了其应得的报酬，授予的股权只是起到锦上添花的激励作用。团队成员之间"雇主与雇员"的雇佣关系多于创业伙伴的关系。

初创企业大多数都是资源匮乏的，团队成员有一腔热血，但就是没有钱。团队成员在资源匮乏的状态下，有钱出钱有力出力，大家的付出往往都是相当的。在创业过程中，谁是真正的创业核心还不知道，凭什么某个人就应该占大多数的股权？把大家组织在一起的人、想到创业点子的人一定就是团队的核心，理所当然应该占有公司的大部分股权吗？这都是不合理的。

独裁和民主各有利弊。独裁决策快，效率高，但独裁者犯错误的速度也快，概率也高。这就看独裁者自身的水平了，结果可能很好，也可能很糟糕。而民主决策慢，效率低，但其决策结果可能趋于中规中矩。在最初的股权结构，有绝对控股的股东也好，没有绝对控股的股东也好，这都不是产生问题的根源，产生问题的根源是这个起始点股权比例已经定死了，变得僵硬，不可调整。明明几个创始人为企业做的贡献是相当的，却非得要迎合投资人的审美观，让某个人获得最多的股权，这明显就是不合理的，反而会给团队稳定带来危机。

股权分配如果这么简单的话，就不会有这么多的团队因为股权分配的问题不欢而散了。如果认为有人控股就可以避免以后的争议，恐怕不能如你所愿。对于初创企业来说"效率"很重要，但是"公平"要远比"效率"更重要。"独裁"和"独食"的结果就是让你的伙伴离你而去，自立门户，甚至很可能成为你的竞争者。

第四章

动态股权分配机制概论

怎样才算好的股权分配机制

动态股权分配机制虽然不能保证你创业一定成功,但至少可以说,它比起静态股权分配机制更能够适配不同风格、不同性格、不同诉求的团队成员,更适用于创业企业。

不管是静态还是动态股权分配机制,也不管你如何称呼它,好的股权分配机制应该有以下特点:

(1)公平、公平、公平

失败的股权分配机制最常见的问题就是"不公平"——不能公平地体现每一位团队成员所做的贡献。对于初创企业,更是不患寡而患不公。公平的股权分配机制要公平地对待团队所有成员,不管是领导还是下属,不管是发起合伙人还是后来加入的合伙人,不管是仍在职的合伙人还是已经离去的合伙人,都应该让其得到应得的。

（2）可进可退

"问渠哪得清如许，为有源头活水来。"初创企业面对的环境是复杂多变的，团队往往需要不断地调整和补充新鲜血液。好的股权机制应该考虑这种变动性，让有能力的人随时可以参与进来，让不合适的人有机制可以被清退，让坚持不下去的人随时可以退出，帮助团队维持一个开放的架构。

（3）能够体现各个贡献的价值

不仅仅是钱，还有时间、专利技术、人脉……创业团队往往是十八般武艺都有，就是没有钱。量化各个要素的价值才能鼓励团队成员为公司带来更多资源，越是稀缺的资源，可奖励其越多的股权。

（4）体现阶段性的成果

公司到达一个里程碑后，可能进入一个不一样的风险水平，合伙人前期所冒的风险要得到相应的回报，切出或者增发部分的股权兑现到位，体现阶段性的成果，让团队成员感到被认可，尝到甜头，刺激其为公司做更多贡献。

（5）设有回购机制

创业是一条漫漫长路，在跌跌撞撞中艰难前行。难免有个别团队成员在这个过程中离去，另谋发展机会。因此，任何针对内部员工的股权激励政策都必须有退出机制，股权能放也要能收。股权是公司发展过程中最珍贵的吸引资金、人才、资源的工具，要珍惜。在公司创业阶段，公司不能有太多的缺位持股人——持有股权但不参与公司运营管理、不会再为公司带来贡献的人，否则不仅会影响团队成员的积极性，而且会对后续融资造成影响。

（6）具有可操作性，不能过于复杂

合理、精确的股权激励方案往往都是复杂、全面的。但再好的股权激励方案如果操作起来过于复杂，实施成本过高，就没有可操作性，都会流于形式。因此，在复杂性和可操作性之间取得一个平衡，使得方案能够简单执行很重要。

（7）契约化，合法化

股权激励计划本质上是一个"团队的契约"，约定如何分配公司的经营成果。因此需要将其契约化，形成一个正式的契约，让所有团队成员都能够感觉到这是一个严肃的实实在在的激励，而不是一个"恋爱初期的甜言蜜语"。

（8）不会带来不必要的费用（比如公证费、税金）

股权激励涉及股权的过户和公司的财务核算，要有配套的法律以及工商执行方案。而该方案不应带来不必要的税费，因为这些税费会大大削减激励的效果，有时甚至使得方案根本无法执行。

让创业也变成一场游戏

不少人都很喜欢玩游戏，乐此不疲，但到工作的时候就觉得无趣，提不起精神。为什么我们不能像沉迷游戏一样沉迷工作呢？有专家研究过，游戏之所以让人沉迷是因为游戏中设计了三种机制：任务机制、即时反馈机制和奖励机制。在游戏中，你有非常明确的练级打怪任务，你有清晰的路径和目标。游戏的设计者会贴心地把终极任务分解成若干的小任务，有明确的指示告诉你先做什么、后做什么。每一个小任务都在玩家能力范围之内，是能够完成的。人天生就有一种挑战自我的心态，只要认为这个任务有挑战性、自己有可能实现，就会为之努力。这就是游戏的任务机制。在游戏中，你往往在完成终极任务的整个过程中都可以看到自己的一路成长，消灭一个小怪有小分，获得战利品，游戏画面通过各种音效光影让你一路看着自己的战斗力+1、经验值+1、智慧+1，一步步变得强大。当你完成最终任务时，获得的金币、勋章还可以展现给你的朋友，从而获得点赞和喝彩。这就是游戏的即时反馈机制和奖励机制。心理学家认为，游戏的这三个机制联动就像一个信号，让人觉得自己越来越优秀，一步一步地迈向成功，促使人们分泌更多的多巴胺，进入专注和沉浸的心理状态，产生自我认同或者成功的满足感。

其实想想看，人生也是一场游戏，游戏中的金币好比现实中的人民币。创业更是一场游戏，这场游戏的内容就更聚焦，任务就是生存下来，让你的现金流入持续地大于现金流出，实现财富的增长。动态股权分配机制就是这场游戏的规则，把我们创业的过程"数字化"和"游戏化"。动态股权分配机制对团队的激励性，与游戏对玩家的激励类似，同样有这三个机制。任务机制：不要让团队成员在工作中像无头苍蝇一样，缺乏目标和指示，陷入无意义的忙碌中。给他们设定明确的任务，这就是动态股权分配的里程碑以及贡献点。告诉他们努力的方向在哪里，应该要完成哪些任务，做出哪些贡献。即时反馈机制：每完成一个贡献，我们都可以记录贡献值，让他们看得到自己的贡献值在持续增加。奖励机制：当创业到达里程碑时，即时兑现股权给予奖励。

企业的数字化进程已经开启，新冠肺炎疫情进一步加速了这个进程。未来越来越多企业的经营管理、产品设计与制造、物料采购与产品销售等各方面全面采用信息技术，实现信息技术与企业业务的融合，使企业能够采用数字化的方式对其生产经营管理中的所有活动进行管理和控制。当企业的各个环节和员工的行为被数字化了，企业就很容易对其进行评价，也就很容易进行"游戏化管理"。"游戏化管理"可以将游戏的乐趣、成就、奖励等要素与商业流程相结合，吸引和激励员工，提高客户的黏性而达到商业目的。而动态股权分配机制就是将公司的发展目标以及团队成员的贡献"数字化"和"游戏化"，给予其应获得的股权激励的一套机制。

动态股权分配的步骤

在阅读后面的章节之前，有必要快速地对动态股权分配机制有一个整体的了解。动态股权分配机制，其实就是把公司大部分股权的分配贯穿到创业的整个过程，而不是一开始就定死。如果你们的团队开始创业时，合伙人获得的股权基本格局已定，那这一分配则是静态的股权分配；但如果你们的团队达成共识：目前大家的股权是暂时的，股权比例会根据团队约定的机制持续根据各自的贡献做调整，合伙人之间的股权比例对比现在这一刻会发生很大的变化，那这一股权分配方式就是动态的。

建立动态股权分配机制，总体来说分为以下几个步骤：

第一步：确定一个初始团队领导，由他来牵头组织协商和制定动态股权分配机制。

第二步：确定初始的股权结构，以及股权分配的方式。

第三步：制定分配兑现股权的里程碑。

第四步：分解各个关键环节，设置贡献点。

第五步：约定表决、分红、退出等场景的处理机制。

第六步：形成契约。

第七步：建立"贡献值账本"，持续记录以及公布贡献值。

第八步：到达里程碑，"切蛋糕"兑现股权。

在后面的章节中，我将以我创办群蜂社为案例，对建立动态股权分配机制的重要环节进行展开，深入讲解。

案例：
群蜂社，我的第二个创业项目

2014年，第一次创业失败后，我回到了分享投资——一家2007年在深圳成立的风险投资机构。2015年第四季度，我在分享投资的平台上进行内部创业，创办了"享投就投"平台，后独立出来成为一家新公司，并改名为"群蜂社"（www.qunfengshe.com）。这是传统私募股权投资机构在互联网时代的自我革新。群蜂社是在现有的法律框架内，建立的一个基于互联网的线上平台,在这个平台上,我们利用互联网高能地对接投融资,分享创业与投资的乐趣、知识和机会。

群蜂社的主要服务对象是投资人和创业者。我们运营着一个群蜂社"蜜圈"。蜜圈会员是一群经过我们认证的,有风险识别能力和风险承受能力的高净值人士。他们绝大部分是已经功成名就的各个行业的企业家和个人投资者,我们的主要业务是为他们寻找有投资价值的另类资产的投资机会。所谓"另类资产",就是非公开市场的、非标准化的股权投资、收益权投资以及资产投资。相对于个人可以直接参与的股票市场和债券市场,"另类资产"一般需要有专业的管理人进行评估以及投后管理。

我们的业务模式是通过互联网手段对接投融资,为资产端和资金端建立信任,并获得相应的服务酬劳。我们为蜜圈会员以及创业者提供专业的一条龙的投融资服务,服务的环节包括对项目进行筛选、尽职调查、评估投资的风险、帮会员办理工商法律手续、对项目进行投后的管理和对项目进行跟踪汇报。

在群蜂社设立之前,我在分享投资的微信公众号上发表了一篇文章:《创业团队如何白手起家——动态股权分配机制》,这篇文章是我对自己的创业经历的深刻反思后,思考出来的解决股权分配难题的方案,其中的理念也得到分享投资的执行事务合伙人白文涛先生的认同,他让我根据动态股权分配的理念来制订群蜂社的股权激励方案,这也给了我第一次实践这套理论体系的机会。

群蜂社自设立之初,我们就采用动态股权分配机制,这套机制与公司章程一样,是公司的根本制度。我们的团队开始只有5个人,5年里陆续增加到14人,大部分是85后的年轻人。虽然只是"半动态"的机制,但其激励效果超乎我的想象。通过贡献值量化模型,我把每一个成员的工作重点以及有限的精力和资源引导到我们认为可以为公司创造价值的贡献点中。短短5年里,群蜂社以平均不到10人的团队,运营投融资金额超过5亿元,成功对接了70多个项目,已经为投资人兑现了上亿元的收益,人效非常高。

光看这一组数据,可能你没有什么概念。也许只有做过这个行业的人才能体会其难度。群蜂社设立之初,全国有数百家互联网非公开股权投融资平台做着跟我们类似的事情,但5年之后,大部分都已经销声匿迹,存活下来的平台寥寥可数。对接个人投资者与创业企业,比起对接机构投资者和创业企业难太多了。不仅工作量巨大,而且团队面对的压力也很大。不像传统的VC(风险投资)机构,钱是募集好的,再找项目投出去,管理团队压力并不大。而群蜂社是先找项目,然后为每一个项目找适合的投资人,有很大的不确定性,甚至有可能白干。我们的工作效率和尽职调查的质量必须远高于传统的VC机构,才能直接面对投资人的提问和质疑。同样一个项目,我们的工作量和难度都要远大于传统的VC机构,极具挑战性。但我们还是坚持了下来,而且越做越好。我们的尽责精神让我们获得了良好的口碑,口口相传让我们蜜圈会员的数量在稳步发展。群蜂社取得的成就在很大程度得益于动态股权分配机制的激励。

第四章
动态股权分配机制概论

在这套机制的激励下,我们的团队有超强的归属感以及创业感,他们总是从公司的整体利益出发考虑问题,将他们的时间以及精力的使用效率发挥到了极致。或者也可以说,他们总是从自己的利益出发考虑问题,总会积极地思考做什么、怎么做,可以更高效率地累积到更多的贡献值,从而在到达里程碑时,可以获得更多的股权。

动态股权分配机制就是一个强力的纽带,把公司利益、团队利益、个人利益紧密联系在一起。公司的股东需要企业价值的提升,企业的前进需要一个个里程碑的实现,而里程碑决定了分配股权的时点,它的实现有赖于团队的协同,而团队协同需要每一个人在贡献点上做贡献,而贡献值则决定了每一个人将获得的利益,这个利益的多少又取决于企业价值的多少,而企业价值的增加正是公司股东所追求的,这样就形成了一个良性的循环(见图4-1)。

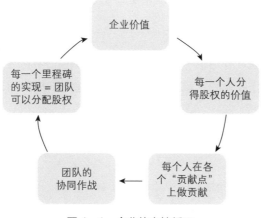

图4-1 企业的良性循环

从日常工作的细节中，我也可以感觉到团队成员的归属感。团队成员都很关心公司的战略和发展，做事情讲究"成本—效益"原则。例如，订机票时会选择性价比最高的班机，订酒店时两个人会选择住双人间而不是两个单间，花公司的钱就像花自己的钱一样精打细算。同时，我还可以感觉到团队成员的创业感和专注度，我们的生活和工作已经融合在一起。我们每天都像打了"鸡血"一样，带着创业者的心态做事。周末，我们也常常在微信中讨论公司的问题，而且更重要的是大家似乎觉得公司的事就是自己的事。越是初创的企业就越应该将更多的股权用于动态的分配，达到更好的激励效果。

到我写本书的第 2 版为止，群蜂社的动态股权分配机制已经运行了整整 5 年，我们已经进行了 2 次股权分配。股权分配的结果从客观上反映出我们每个人的贡献。我们将继续采用动态股权分配机制分配公司现有的股权池以及未来可能增发的股权。我在理论和实践上都验证了动态股权分配机制的可行性以及其明显的激励效果。

第五章

与谁合伙——建立开放的创业团队

初创企业一开始，可能只有一个产品经理和技术员，很少有初创团队一开始就配备了各个岗位的人员。企业刚开始设立时一般都是"一人多职，一职多能"。如果你见到创业企业的创始人还配有秘书，董事会还配有董事会秘书，一个月只有几十张会计凭证却配有年薪几十万元的财务总监，那这个企业离失败就不远了。

初创企业面临的市场环境充满了竞争，企业需要不断地吐旧纳新、求新求变才能生存发展。为了适应复杂多变的竞争环境，需要吸收新合伙人，清退不称职的合伙人。打造一个永久开放的企业组织架构，营造"强者上、弱者下""求贤若渴、锐意进取、勇于创新"的企业文化，对初创企业保持持久竞争力尤为重要。所谓"流水不腐，户枢不蠹"，新陈代谢能力越强，有机体才越健康。

为了更好地讲述这套机制，从本章开始，我们先来定义第一个概念"合伙人"。合伙人有多重含义，日常用语中泛指与你一起做生意、一起创业的人；当作为一个法律概念时，合伙人特指"合伙企业"的合伙人。在本书中，我们把所有被纳入动态股权分配机制的被分配股权的对象都称为合伙人。

吸收新合伙人

对于一个创业团队来说,每一个发展阶段可能都需要增加新鲜血液,引入有不同才能的合伙人加入创业。挑选靠谱的合伙人对于一个创业团队来说至关重要,而且这对于快速成长的企业来说是永恒的议题。股权激励机制解决的只是让靠谱的人获得激励,但不靠谱的人怎么激励都没有用。合伙人是否靠谱要共事一段时间才知道,但在创业一开始的时候也可以用排除法排除掉一些肯定不靠谱的人。虽然动态股权分配机制有清除不称职合伙人的机制,也有贡献值和股权的回收机制,但如果在创业一开始就能排除掉一些不靠谱的人会省事很多。

在开干之前,排除不靠谱的合伙人,我有以下的经验可以分享。

动手能力差的人不适合成为合伙人

创业的人和在大企业当职业经理人的人是两种类型的人。创业要探索、要试错、要冒险,而职业经理人则更擅长把一家上了轨道的公司变得更规范、更有效率。有些人可能在大公司里面当高管当久了，动手能力很差，文案都得让秘书写。说起来天下无敌，做起来无能为力，也就是说这些人几乎没有执行能力。对初创企业有价值的是把想法转换成行动的执行力，而不是永远飘在空中落不了地的想法。适合创业的人是敢想敢做、想得到做得到的人。他们思维活跃，做事雷厉风行，不仅能谈战略、谈创新，更重要的是能干粗活、累活、脏活。想想看，如果合伙人个个都像大企业的高管一样发号施令，得招多少秘书？得花多少钱？企业维持不了多久就得关门大吉。

没有创业精神的人不适合成为合伙人

创业是一条漫长的道路，需要有强大的内心才能走下去。有没有创业精神不会写在脸上，但是，有创业精神的人，往往能感觉到其他人是否具有创业需要的特质：冒险精神、毅力、不怕苦、坚定的信念、渴望成功、追求财富、爱折腾、精力充沛、有干劲、不甘平庸、专注投入、看到机会会感到兴奋等；谈吐充满激情，眼神极其坚毅。没有创业精神的人，你在他身上是感觉不到以上特质的。他们从来没有想过自己要做一番事业，一心只想找一份安稳的好工作，厌恶风险，不希望有不确定性，不愿意尝试新鲜事物。这样的人不适合加入创业团队，他们比较适合老老实实地当一个普通职员，获得一份明确的报酬。任何股权激励对他们来说都太遥远，激励效果会大打折扣。永远不要拿你宝贵的股权，尤其是初创阶段的股权，试图去激励一些不追求股权的人。

无团队精神、无责任心的人不适合成为合伙人

有团队精神的人会自觉地为团队做贡献,自己的事情做完了,会主动问其他成员是否需要帮忙,而不会认为其他成员的事跟自己没有关系。有团队精神、有责任心的人会为自己没法为团队做贡献、没有尽到自己的责任而感到不好意思,甚至没有脸面待在团队而主动请辞。

动态股权分配机制不是万能的,它对于一些毫无团队精神、无责任感、不敬业的人用处不大。这样的人即使一次性给他30%的股权,都不会起到激励作用。而相反,有些责任感超强的人,哪怕没有股权激励计划,他们也会认真负责,兢兢业业。这样的人,尤其是年轻人,我遇到过不少,也带过不少,他们只领取一份市场化的工资,也从未想过会获得股权,但极其认真负责。动态股权分配机制可以让这样的人更好地发挥其积极性,让其保持忠诚度和战斗力。我一直认为,任何股权激励制度都不能把没有责任感的人变成有责任感的人,只能把有责任感的人变得更有责任感和忠诚度,而动态股权分配机制能够更好、更公平地做到这一点。

不认同创业方向、不认同团队的人不适合成为合伙人

股权激励机制有效的前提是合伙人都认同公司未来的股权将值钱,认同这个团队能够把公司做强做大,回报股东。如果成员不认同公司的商业模式,不认同公司的发展方向,不认同团队,那么公司的股权对他来说并没有任何吸引力,邀请他参与动态股权分配计划的意义不大。如果公司确实需要这样的人,付费让他服务就好了，别让他参与到动态股权分配计划中来。

没有任何信任基础，过于斤斤计较的人不适合成为合伙人

动态股权分配机制提倡公平地对待每一个人，用透明的方法来分配股权。然而，在执行过程中要做到绝对的公平是不太可能的，在一些细节的执行上难免会有一些偏差和疏漏，这往往不是合伙人的主观问题导致的，有时是兼顾效率，抓大放小而致。核算周期一旦拉长的话，这些小细节产生的差别微不足道。合伙人之间要有一定的信任基础，相信合作伙伴的品行，相信合作伙伴会尽心尽责，这些小偏差并不会影响动态股权分配机制的执行，而过于在乎自己的得失，分毫必争甚至吹毛求疵的人，就不适合成为合伙人。在制定和执行动态股权分配机制前，要把每一个人假设为"自私自利，斤斤计较"的人，做到经得起最精明最会计算的人的审核，但挑选合伙人时得排除这样的人。这样动态股权分配的一些小偏差就会得到容忍，让团队关系持续保持和谐。

动态股权分配机制的目标是通过激励来把蛋糕做大，蛋糕足够大的时候切蛋糕要做到公平。而蛋糕做得越大，合伙人获得的财富越多，这些分配的小偏差往往不会被特别在意。若对其他合伙人缺乏信任，总是怀疑他们的投入，总担心别人占自己便宜，在蛋糕做大之前就纠结于那一点小得失，或者利用动态股权分配机制的一些疏漏钻空子给自己增加"贡献值"，都会让团队的气氛变差，也会让动态股权分配机制的激励效果大打折扣。这些人很明显不能领会团队协作的重要意义，不应该被邀请进来。

动态股权分配机制只是给志同道合的人提供一个公平的、愉快的创业环境，不能解决基本信任的缺失问题。因此，邀请有一定信任基础的合伙人加入至关重要。

明确激励的范畴

本书主张的动态股权分配机制主要是围绕合伙发起创业这个主要场景展开，但动态股权分配机制还可以用于员工激励。被激励的人不一定是初始的创业合伙人，也可能是职业经理、中层管理者或者做出重大贡献的员工，甚至全员激励。制定这套机制首先必须非常明确参与动态股权分配计划的人员范畴。以群蜂社为例，我们从5个人一直发展到14个人，第一个里程碑和第二个里程碑我们都是全员激励的。对于这次创业，我采取了一些大胆的、理想化的理念。我想营造一个让人充满希望的企业文化——每个人都可以享受公司成长的成果，每个人都为自己打工，当公司的主人。虽然我们的工资水平并没有比传统的VC高，但这种理念确实使得我们的团队非常稳定。

但5年下来，我认为这样是不对的，谁能加入动态股权分配机制，必须有一定的标准。把非创始合伙人的员工纳入进来成为合伙人，除了要排除掉我上面罗列的不适合成为合伙人的人之外，还应该有一些必要条件：这个人离开了会让公司很难受，比较难替换成其他人。也许他掌握着客户资源，也许他掌握着技术，也许他有过人的影响力，也许他的能力很难被替代，也许他集上面的几个优点于一身。总之，他为公司创造的价值远高于他从公司索取的，而且替代的难度大。对于这样的人，要想办法用股权将其绑定，邀请其成为公司的合伙人。值得注意的是，如果某个员工工作特别认真，对公司特别忠诚，也按照机制做了贡献，但他本身的能力不存在难以替代性，其他人很容易就可以接手他的工作，那就不应该将之纳入动态股权分配计划。公司的股权要留给难以替代且按照机制做出贡献的人。

股权激励可不局限于员工

社会化的大分工趋势是专业的人做专业的事。很多原来由公司员工完成的工作都逐渐以外包甚至众包的方式来完成。公司变成了一个小平台,员工仅仅是平台上的一个角色和特殊的合作伙伴。组织理念早已发生了深刻的改变。公司与员工不再是"公司+雇员"的买卖员工时间的劳动合约关系,而是一种"平台+个人"的合作发展关系。具有平台效应的组织模式,在人效和成长性上都比传统的"公司+雇员"的组织模式强。

群蜂社的组织管理理念就是"平台+个人"关系:我们一起打造一个平台,让大家在这个平台中提升自己、获得利益。大家一起把蛋糕做大,我负责把蛋糕公平地切好。对于股权分配,我的考量点是这个人是否对平台做出了贡献,以及未来是否可能会继续做出贡献,而不是他是否与公司有劳动关系。

群蜂社的股权激励计划的范围并不限定于公司的员工,还包括合作伙伴、为我们提供资源的人、我们的关联方、供应商甚至我们的重要客户。这些在我们平台上的利益相关方可以统称为"持份者"(Stakeholders)。尽量让我们的持份者理解我们的动态股权分配计划,参与进来,用股权进一步绑定一些志同道合的重要持份者。多一方股东,多一方资源,就多一份帮助。比起仅限定在员工这个层面,涵盖持份者的股权机制更能发挥起汇集各方资源、激励各方能者的作用。

让一个不是你内部员工的持份者能够被你的股权机制"激励"不是一件容易的事。要让外部持份者相信你会像对持内部合伙人一样公平地对待他,就需要做到整个流程的公开透明、可视、可监督、可审计。我们在后面的章节会深入讲述如何把机制做到可审计。

接受新合伙人的机制

创业团队的核心合伙人一般会在公司的战略和团队建设上面花不少的精力,在适当的时候邀请新合伙人加入,对于公司的战略发展尤其重要。邀请新合伙人加入应该有一个接受新合伙人的机制。新合伙人的技能和知识结构是不是公司需要的?新合伙人能否融入团队?新合伙人是否适应公司的文化?这些都需要在其加入前做一些主观判断。新增合伙人要能帮助公司把蛋糕做大,这样当他获得自己的那一块蛋糕时,其他合伙人才不会少分蛋糕。

创业团队可以制定自己的规则来接受新的合伙人,将之纳入动态股权分配机制,例如:

1) 需要有至少一名合伙人提名。
2) 候选合伙人与所有合伙人一起交流。
3) 股东按照股权权重进行表决,超过2/3则可以通过;或者按照人数进行表决,超过2/3的合伙人通过则可以通过。

当然，机制也可以更加简单独裁，由股权最多的合伙人，或者核心合伙人，或者 CEO 来决定。如何确定机制不要紧，最重要的是大家要有这样的共识：企业的发展很可能需要新的合伙人加入。

清退合伙人的机制

公司战略发生改变后，可能会出现合伙人的技能不能发挥作用，合伙人跟不上公司的发展，合伙人不专注于团队的事业、不作为、无贡献等情况。在动态股权分配机制下，这些合伙人虽然仍然被纳入动态股权分配计划，但实际上获得不了贡献值，未来的股权也与之无缘，用不着清退他们。而这些合伙人之前获得的股权会随着一次一次地切蛋糕分股权而被稀释。

但如果合伙人做出损害公司利益的事情，合伙人与团队其他成员无法相处，合伙人有严重的道德风险，那么就需要清退合伙人，回购他过去所取得的股权。不仅要将其从未来的动态股权分配计划中除名，还要从股东名单中除名。

按照《公司法》的规定，不管你是多大的股东，你都没有权利要求其他股东退出，哪怕他的股权只有微不足道的1%。你想让对方退出，只能协商。大部分的创业团队都没有约定这种清退机制。

在创业之初，设定清退合伙人的机制，一方面可以避免公司陷入敏感的"人事漩涡"或者是"帮派内斗"，另一方面这是一个警戒，告知大家不称职、不作为的合伙人会被清退。例如，清退合伙人的机制可以参照以下内容：

1) 由至少代表25%股权的股东，或者占25%人数的合伙人向核心合伙人提案：建议清退哪一位合伙人，讲述清退的原因。

2) 核心合伙人与被建议清退的合伙人以及提案清退他的合伙人单独沟通，听取双方意见。

3) 核心合伙人将沟通的结果形成表决案，分别单独发给所有合伙人表决。只要有超过代表2/3股权的股东，并且超过2/3的合伙人（包括被提议清退的合伙人）同意清退该合伙人，则该合伙人需要离开创业团队，公司可以按照既定的规则和价格回购其贡献值或股权。

4) 如果提案未能通过，则提出提案的合伙人在一年内不得再提出清退该合伙人的提案。

当真要清退合伙人时，应就事论事，千万不能使公司的文化"政治化"，拉帮结派，陷入内斗、内耗的漩涡中，初创企业经受不起这样的打击。

在这个机制下，如果某个合伙人被表决清退，一般不会清退错，高达 2/3 的合伙人都觉得他没有必要继续留在团队中，都不想与他继续共事，那他留下也没多大意义。被清退的合伙人也要受到公平的待遇，公司应该按照既定的规则回购他的股权。后面会讲到回购机制，我们可以区分合伙人离开是自己主动请辞还是被清退来确定不一样的回购价格，被清退的合伙人多半是因为不称职、无法与团队合作协同，其股权回购价格理应低于主动请辞的合伙人的股权回购价格。

第六章

谁来建立机制

看到这里,你基本上能够理解动态股权分配机制的一些基本理念,也能够判断动态股权分配机制是否适合你的创业。如果你想建立一个比较"佛系"的、皆大欢喜、压力小一点的组织环境,或者你不太愿意跟大家一起打拼,那这套机制不太适合你。但如果你想建立一个论功行赏、奖罚分明、优胜劣汰的组织文化,建立一个在商场上有很强战斗力的、精干的团队,而你们每个人都有足够的格局,愿意一起打拼,那这套机制将非常适合你们。让我们开始着手制定这套机制。

核心合伙人的初始确立

机制的制定是一般是由团队的核心合伙人来完成的。在很多情况下,第一次创业的团队都有多名合伙人,而且这些合伙人的水平都差不多。但总会有一个初始的核心合伙人,这个核心合伙人往往是团队的组织者和项目的发起人，创业的开始往往是因为这个人第一次跟别人分享他的想法，阐述他的理想，他相当于汽车的启动电源。这个人总能够感染别人，激发别人的思考，说服别人与其一起冒险。如果缺少了这个人，这一切似乎都会进行不下去。这个人应该就是团队的初始核心合伙人。

核心合伙人维系一个团队的凝聚力需要双管齐下。在思想层面上动之以情怀、理想、抱负，这要求团队的核心合伙人有布道者般的感染力；在物质利益层面，则要用公司未来的经营成果和未来的财富激发团队的奋斗热情，给他们承诺，而这部分的解决方案就是动态股权分配机制。

核心合伙人领导力的延续——贡献

初始核心创始人确立后，其领导力很可能主要来源于他发起这个组织。这是暂时的领导力。但这种领导力是否可以延续，是每一门MBA组织行为课程都会讨论的课题。不同的领导力的来源会有不一样的说服力和凝聚力。在我看来，在现实组织生活中，领导力不外乎有以下几种。

（1）预设的、强制的领导力

预设的、强制的领导力，一般是大组织中由组织的机制或者法律赋予的。例如，你加入了一个大企业，被安排在了某个部门，而这个部门的负责人就是你的领导。这时，他对于你的领导，是由组织预设的，你别无选择，除非你离开这个组织。这种领导力并不能让人心服。对于初创团队来说，不可能存在大组织中那种预设的领导岗位，如果有的话，那说明这家企业已经"未老先衰"，还没有长大就已经染上"大企业病"。

（2）来源于报酬权的领导力

"因为我给你发工资，所以你得听我的。"既然受雇于你，便只能接受你的领导。核心合伙人也不太可能通过"报酬权"来获得领导力，因为现实的情况是领导总会担心发不起下个月的工资。

（3）来源于专业技能的领导力

有些领导者专业能力很强，这些人即使不给你发工资，你也愿意跟着他们做事，听从他们的差遣。他们的专业技能让你折服，你对他们充满着崇拜，希望能跟随他们，学到他们的技能。核心合伙人的领导力也不大可能来源于专业技能，现在的创业往往需要组建专业技能互补的联合创业团队，每个成员都是某个领域的专家，不太可能某一个人什么都懂，什么都比其他成员强。就算一个人什么都懂，能力比较复合，也不可能什么都做。

（4）来源于 EQ 的领导力

有些人天生就具有布道师的特质，他们 EQ 超高，具有很强的人格魅力和高尚的品质，他们的思想、言语、气质总能够感动人、凝聚人，他们能像领袖一样让"信徒"追随。在初创团队中，总会有这样的人，他们为团队憧憬未来，激励大家出来创业，在艰难的起步过程中给大家打鸡血。然而，我们不能靠"打鸡血"来维持自己的领导力。"打鸡血"只能让成员获得精神激励，不解决实际问题。

强大的领导力往往是以上多种来源的组合。那么如何确立你在团队中的领导地位，让团队成员心服口服？依靠贡献值！因为你对团队的贡献最大，所以，你是团队的核心。在动态股权分配机制中，所有成员都是公平的，按照大家都认可的、既定的规则来核算贡献，因此贡献值最大也就是贡献最大，这是用系统、客观的方法算出来的领导力，没有比这个更让人心服口服的了。如果你想成为团队的核心，领导这个团队，而你又不愿意跟大家一样做贡献，那就千万不要用这套机制。

动态股权分配帮你确立核心地位

作为项目的发起人,初始核心合伙人会不会在想:"如果算出来,我的贡献值比大多数人都要少,那怎么办?会不会连领导权都丢了?"这种情况的发生,只有两种可能性。

(1)你确实不应该是团队的核心

你得问问自己,人家凭什么接受你的领导?你的领导力来源于哪一方面?你真的是团队最重要的人吗?

我们在创业过程中是不是经常会遇到这种情况:某人的人脉很好,大家都认为他能够帮企业发展得更好,因此大家都把他当作团队的领导者,结果发现他的人脉根本没用;又或者某人在某大型跨国公司当过高管,能力很强,大家把他当作团队的领导者,结果发现他只是"大机器里的一颗小螺丝钉",只会发号施令,执行能力很差,创业企业重要的是探索,而不是管理。这些基于假设和推断的"初始核心合伙人"后期都会让人很尴尬,预期与实际严重不符。动态股权分配机制不仅能帮助我们解决怎么分配股权的问题,还能帮助我们确立谁是真正的核心的问题,让有名无实的"领导者"暴露于团队面前。

(2) 制定的动态股权分配机制不够全面和公平

如果你觉得自己是名副其实的领导者,团队成员都对你的领导地位和能力心服口服,但是用动态股权分配机制算出来的结果,却让你的贡献值体现不出来,那么很有可能是你的机制制定得不够全面和公平。在好的计算模型里,贡献值只会"迟到",但是不可能"缺席"。我们前面谈到领导力的来源,贡献值的计算过程完全反映了领导力的来源。如果团队认可你是因为有"报酬权",也就是说团队的工资是从你注入的资本中开支的,那么贡献值模型中是否漏掉了核算你投入的现金?因为你拿自己的钱按照市场价给其他人发工资,自然你的"投入现金"这个贡献点很大,而其他人的"未领取的工资"这个贡献点就几乎为零。如果没有其他贡献的话,那根据动态分配机制你分得的股权比例就应该是100%。这不就是一个纯粹的"雇主+雇员"的关系吗?很公平。如果团队认可你是因为你的"专业技能",那么贡献值模型中是否漏掉了核算你没有领取的工资?或者你的工资水平是否充分反映了你的能力?如果团队认可你是因为你的EQ,你有"布道者般的说服力",那么是否少了一个指标来量化你这方面的贡献?我相信这类精神领袖也是存在的,那是否可以设立一个帮助企业获得融资的贡献点,以融资额的一定比例作为其贡献值?这样核算下来,你的领导力其实也是可以用贡献值来公平反映的。

只要对团队有贡献,就不怕机制无法计算你的领导力。

团队核心合伙人应该有的格局

你是否觉得动态股权分配机制很"狠"？是的，这是一套很"狠"的机制，因为它一视同仁，公平地对待每一个人，包括核心合伙人自己。

如果你是这个创始团队的核心合伙人，你要应用动态股权分配机制，就必须有足够的格局，能做到与其他团队成员平起平坐，大家用一个标准来统计对公司的贡献。你需要以大局为重，有足够的气度，在贡献值远不如其他成员，难以让团队认可你的时候，随时乐意把领导权让给真正的核心人员。动态股权分配的理念是不能埋没了每一个成员成为"大股东"、成为"老板"，甚至成为"实际控制人"的可能性。任何一位团队成员有能力成为老板，有能力把公司做得更好，为公司做出了最大的贡献，就应该让其来领导公司。如果你没有"退位让贤"的格局，那就不要使用动态股权分配机制。

另外，作为核心合伙人，你绝对不能利用自己牵头制定分配机制的便利，制定对自己有利的规则，更不能暗箱作业，自己一个人说了算,要打消任何想占其他合伙人便宜的念头;你需要以身作则,严格要求团队的同时也严格要求自己,要比团队其他成员更加努力;你需要有一定的奉献精神,有时候在一些执行细节上宁愿牺牲一点小利益,也不能让其他团队成员认为你为自己的利益斤斤计较,反过来你应该把其他合伙人预设为"斤斤计较"的人,为他们的利益"斤斤计较"。把别人想得"自私自利"一点,用这个原则与团队成员相处,会让你与团队成员之间的关系多一点"安全边际"。

如果没有这样的格局,那么运用"完全动态股权分配机制"可能会出现你不想见到的结果。或许你可以用打了折的"部分动态股权分配机制"锁定你的大股东地位或者锁定你的领导权,当然激励的效果也会相应地打折扣。锁定了大股东的地位,你就要承担更多的责任,比如给其他合伙人的饭碗提供旱涝保收的安全保障。

换个角度来看,如果你并不是一个核心合伙人,而是受到核心合伙人的感染,加入了他的创业团队,成为团队的合伙人之一,你也要注意观察这个核心合伙人是不是一个有格局的领导者。若发现这个团队还没有开始干,该发起人就给自己分配了80%的股权,只预留了20%的股权激励团队的其他人,而他并没有动态调整股权的想法,也没有相对应地给你发放接近市场价的工资,反而要求你跟他一样领取严重打折的工资,那你就要好好考虑一下是否要离开了。如果真的有诚意一起创业,那么大家就要用动态股权分配机制来分配公司的股权,凭什么让你承担创业者的风险，像创业者一样付出，却享有打工者的报酬呢？跟这样的人创业值得吗？动态股权分配的理念是：有怎样的付出，取得了怎样的成果，就应该有相对应的股权回报。获得多少的股权就应该承担多少的责任和义务。像创始人一样做贡献就应该获得与创始人相称的股权，给不到相称的股权就请给与市场水平相称的工资。

公开透明，取得共识

本书的第1版出版后，不少创业者希望我帮他们的团队制定一套动态股权分配机制。但是，要制定有可操作性、有激励效力的机制，必须要对创业的项目非常熟悉，也必须要对团队的成员的构成以及职责非常熟悉。团队外的人来帮忙制定这套机制需要花很长的时间去理解该创业项目。制定动态股权分配机制最合适的人选是团队本身。

群蜂社的动态股权分配机制是由我一个人制定的。我作为团队的核心创始人，没有人比我更清楚我们这个行业、我们的战略和我们的目标，以及哪些点是关键贡献点，这些关键贡献点会给公司带来多少收益、会产生多少成本。在每个里程碑开始之前，我都会制定好这个阶段的方案，并且公布给我们创业团队的成员，征求意见。确保他们都了解并且能够发表意见，取得共识。

如果你们的团队也有一个核心创始人，那你们很可能也应该这么做。但如果你们有多个核心创始人，那就可以一起来制定这套机制。但不管是一个人制定还是多人联合制定，这套机制起草完以后，都必须发给所有团队成员，让他们各抒己见，取得共识。过程越民主，被遵守和认可的可能性就越高。

核心合伙人应挑起重任，在开干之前，牵头制定和落实这个团队创业的基石，股权机制的制定需要核心合伙人领衔讨论，动态股权分配的理念需要核心合伙人向团队成员解释。若团队中有会计师或者律师背景的成员，建议让他们更积极地参与进来，他们的专业知识对制定和执行一个好的机制非常有用。把这本书推荐给他们，跟他们说："让我们用动态的方法分配创业成果。"让他们了解动态股权分配机制的各项内容。

在制定机制的过程中，我们需要对公司运营的各个关键环节进行拆解，制定贡献点、贡献值等要素。例如，创始成员牺牲的工资这个贡献点。创业成员为了减少企业起步阶段的开支往往都是领取着打了折的工资，要衡量各个成员贡献的工作时间，我们就必须要给每个成员制定一个公允的市场工资水平，每个人的工资水平要获得大家的认可。

世界上没有绝对公平的机制，取得共识的机制，就是大家都认为公平的机制,才能起到激励作用。

那如果在制定过程中,合伙人之间的意见有分歧怎么办?例如,A合伙人要求设置一个贡献点,而B合伙人觉得没有这个必要。这时最简单的做法就是少数服从多数。如果有人不认可这个做法,觉得非按照他的想法做,那大家可能需要重新评估一下,这个人是否适合一起创业。在没有开干之前,把不适合一起创业的人识别出来,是一件好事。

机制本身也可能动态修订

初创企业探索商业模式是一个不断试错迭代的过程,动态股权分配机制本身也需要动态地调整。在群蜂社实践这套机制的过程中,第一年几乎每个季度我们都要对这套机制做一次微调,比如公司增加了新业务,就要为这项新业务增加相对应的贡献点;或者发现前面制定的计算方法明显不合理或者有失公平,那么就需要及时与大家协商并进行修订。制定动态股权分配机制不可能一蹴而就,要让团队有足够的心理准备,随着公司的发展会不断地对机制进行修订。根据公司和团队情况约定一套机制修改的规则，约定谁有权提议修订，修订怎么通过。

例如，对于一些公司，动态股权分配机制被应用在分配一部分股权上，那公司可以约定 CEO 或者公司任何一名董事都可以提出修订，而修订经过 1/2 董事会或者股东会成员通过就可以生效。而对于一些初创公司，所有的股权都用于动态分配，且公司大部分的股权都尚未分配，则可以约定任何合伙人都可以提出修订，只要过半数或者 2/3 的合伙人表决通过即可生效。我建议，在一般情况下，修订不应该对过去进行追溯调整，而是只适用于未来。

第七章

设计动态持股架构

持股架构

本章我们主要讲述如何体现合伙人在动态股权分配机制下所获得的股权。按照对持股人的在法律层面的保障程度,我们可以分为:直接持股法、间接持股法,以及直接和间接综合持股法。

直接持股法

所谓直接持股法,就是股权直接体现在创业企业的股权层面,获得股权分配的合伙人作为企业的直接股东持有企业的股权,享受作为公司股东的完整的权利,受到公司章程以及《公司法》的保护。完整的股东权利主要包括:决策权、知情权、收益权。这种持股方式比较适合联合创始合伙人之间分配股权。

如图7-1所示,合伙人1、合伙人2、合伙人3的股东的权利是完整的。有一些权利的大小与他们的股权比例直接相关,比如收益分配权、在股东大会上的投票权。而有一些权利则与股权比例无关，大股东和小股东都一样，比如对企业的知情权，任何股东都有权去查阅公司的财务报告。

图7-1 直接持股法

间接持股法

顾名思义，间接持股法就是获得股权分配的合伙人间接地持有公司的股权。间接持股的方式可以通过有限合伙企业持有，也可以通过"代持"方式做成"虚股"。这种持股方式比较适合分配员工股权激励池中的股权，或者用于非核心合伙人的股权分配。获得股权的合伙人的稳定性和对公司的忠诚度如果有较大不确定性，或者核心合伙人想对公司有较大的控制权可以选择这种持股架构。

如图7-2所示，合伙人都通过一家专门设立的有限合伙企业持有创业企业的股权，而不是直接持有。创业企业的股东为"有限合伙企业"，始终保持稳定。动态的股权分配主要体现在有限合伙企业内部合伙人股权份额的动态调整中。合伙人1作为有限合伙企业管理合伙人管理有限合伙企业，合伙人2、合伙人3作为有限合伙企业的有限合伙人，不参与有限合伙企业的管理。在这样的设置下，管理合伙人可以代表有限合伙企业行使全体合伙人的股东权利。创业企业的控制权实际上掌握在充当有限合伙企业管理合伙人的合伙人1手上。其好处是决策快，因为创业企业的决策权全部由合伙人1行使，合伙人2及合伙人3成了合伙人1的一致行动人。而坏处是合伙人2及合伙人3只能根据《合伙企业法》以及合伙协议间接主张自己对创业企业的权利。若合伙人1是一个不尽责的管理合伙人，一直不向其他合伙人汇报创业企业的情况，那合伙人2及合伙人3没有任何权利要求审核创业企业的财务报告，因为他们不是公司股东。他们只能按照《合伙企业法》以及约定的合伙协议追究合伙人1的失职责任。

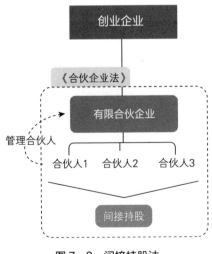

图7-2 间接持股法

间接持股法还可以通过"代持"的方式来实现（见图7-3）。股权被代持的合伙人的"股东权益"由代持人与被代持人签署的代持协议来保护，遵循的是《合同法》，这个保障比起前面提到的有限合伙企业间接持股的架构就更弱了。代持与被代持的关系实际上是一种"债权债务"的关系，代持人与创业企业的关系才是"股权关系"。不管代持协议怎么写，只能作为一个"君子协议"。在遇到法律纠纷时，法院只承认代持人才是公司的股东。如果代持人侵害被代持人的利益，被代持人只能根据代持协议追讨代持人的法律责任，无权要求创业企业把他视为公司的真正股东。"代持"的做法还会引起很多其他的问题。在公司上市的时候，使得公司无法满足上市主体股权清晰的要求，而成为上市的阻碍。

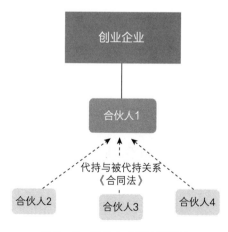

图7-3 代持方式间接持股法

有一些公司还可以使用直接和间接综合持股法（见图7-4），

区别对待稳定性更好的核心合伙人，以及稳定性较不确定的合伙人。这样做的好处是，最大限度地确保股东的稳定，也避免了创业企业后续的股权调整和决策流程过于烦琐。

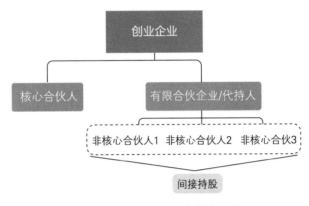

图 7-4　直接和间接综合持股法

动态股权分配还可以用在一些"虚拟股"的分配中。虚拟股指公司授予激励对象的一种虚拟的股票，激励对象可以据此享受一定数量的分红权和股价升值收益，但没有所有权，没有表决权，不能转让和出售，在离开企业时自动失效。严格来说，这种权利本质是一种"奖金分配的权利"，与本书所指的股权有本质区别。本书所讲的机制不仅能用来分配股权，一样可以用于分配其他的权利。

应该用哪一种架构体现动态股权分配，你可以根据自己公司和团队的实际情况来选择。每一种架构各有利弊，保障程度也不尽相同。你分配的权利越是完整，越是有保障，激励性自然就越强。股权之所有有激励性，是因为它有永久性，能为获得股权的人带来被动收入。只要公司永续经营，哪怕成员离开了公司，也一样可以享受到公司发展的结果。如果成员获得的是一个受限的、不完整的、无法被保障的股权，那吸引力和激励性就会打折扣。

存量股权 VS 增量股权

动态股权分配所分配的股权可以是存量股权（即预留好的股权），也可以是未来要增发的股权，甚至可以先分存量，存量分完再分增量。存量股权一开始可能需要暂存在一方股东名下，或者放在一个有限合伙企业，或者是一家有限责任公司。鉴于规范性以及税负的考量，我建议选择有限合伙企业作为持股主体。当股权被授予时，股权或者是合伙企业的份额需要从临时的"代持人"过户到被授予股权的合伙人中，完成股权分配。这是许多创业企业普遍采用的做法，也是创业企业融资的时候投资机构乐见的做法。企业为日后要引入的核心员工预留好股权池的做法，一来显示出创始人的格局，二来企业日后不用增发股权稀释全体股东的股权比例。

分配增量股权是增发股本的行为，不存在股权的转让行为，不会产生股权转让所得，也就没有相关的税金。而分配存量股权是一种股权转让行为，虽然出让方并没有收取任何收入，或者按照成本价转让，但有可能会被税务局认定有股权转让所得，征收相关的税金。在设计动态股权的持股架构时需要考虑税金的问题，还没有赚到钱就先交税，会大大削弱股权的激励性。

> **必备知识**
>
> ### 分配存量股权可能涉及税务问题
>
> 分配存量股权时，获得股权的合伙人，从暂存股权的合伙人受让股权，而该股权没有对应的实缴注册资本，转让方并没有获得收入，这时要核定股权转让所得税显然是不符合税法精神的。但有些地方的税务局会认为既然发生了股权的转移，就要评估转让方是否获得资本利得，是否要缴纳资本利得的税金。这就要看当地的税务局是怎么看待这个业务的性质了。每个地方税务局的做法不同，沟通的难易程度也不一样。
>
> 你可以根据实际情况有以下几个对策：
>
> 1) 如果你遇到的是一个很有水平也很有耐心的征管员，你可以耐心地向其解释企业的动态股权分配机制，让其理解这不是"股权转让行为"。
>
> 2) 如果你认为无法获得税务局的理解，就按照他们的意思，或者按照税务局规定的模板做成他们方便处理的

"股权转让"。如果企业还在亏损状态，转让价格是实缴资本的原值，也就说得过去，也不存在"资本利得"。

3) 如果企业一直盈利，也可以按照企业净资产"转让"，然后受让方和转让方豁免掉这笔转让款即可。也许会涉及一点税金，但对于初创企业应该不会很多。

4) 最坏的情况是：你的企业曾经做过一次对外融资，税务局按照风险投资的价格来评估股权转移的价格。这时接受股权的合伙人会被征收一大笔税金，你需要与税务局沟通，指明参照风险投资者的价格来征税是非常不合理的。这时候就需要据理力争了。

部分动态 VS 全动态

部分动态股权分配

分配部分存量股权的做法是"部分动态股权分配"机制。如图 7-5 所示，这家创业公司的注册资本 100 万元。合伙人 1

认缴40万元,合伙人2认缴30万元。注册资本70万元被静态地分配给了合伙人1和合伙人的2。剩余的注册资本30万元被设置为一个股权池。这个股权池可以是一个合伙企业,也可以是某一个合伙人代持。但设立之初这个股权池并没有被分配出去,而是执行动态股权分配机制,日后对合伙人进行分配。每一次分配都不影响合伙人1和合伙2的股权。所以这是一个"部分动态分配存量股权"的架构。就算此时引入新的投资人股东,投资人也不用担心日后因为做股权激励的原因,股权比例被增发的员工激励股权稀释。当然,部分动态股权分配的激励效果不如全动态股权分配好。

图7-5 部分动态分配存量股权

持续分配增量股权的全动态股权分配

持续分配增量股权则是"全动态股权分配"机制。如图7-6所示,企业不需要预留股权池,每次分配新股权时通过增发公司的资本金获得用于分配的股权。这样做的结果是原股东的股权比例都会被稀释。但如果通过股权激励的机制，能够把公司的蛋糕做大，被稀释一点也不一定会吃亏。更何况，原来的股东也很可能会参与到增发股权的分配当中。公司增资扩股按照公司法属于公司的重大事项，需要经过代表股权 2/3 以上的股东同意才可以实施。所以，要用增发股权的方式获得用于分配的股权，在股权机制实施之前，取得原股东的一致通过非常重要。如果原来的股东都是公司的内部股东，那么沟通起来会比较容易。但如果存在一些外部股东，比如财务投资机构股东，可能要解释起来就没有这么容易，他们未必能够像内部股东那样感知到公司价值会因为新股东的加入而得到提升。还可能受限于原来签订的投资条款，以至于他们反对企业这么做。例如，许多投资协议中会签署"反稀释"条款，因为被激励者获得股权要支付的行权对价，很可能远低于他们投资的价格，他们会感觉到自己的股权"贬值"了。这也是为什么很多投资机构投资一家企业之前都要求企业先设立股权激励池再投资。

持续使用增发股权的方式分配股权，意味着公司所有的股权都按照动态股权分配的原则来分配，可完全反映每个合伙人所做的贡献。因此，我们把这种分配股权的方式称为"全动态股权分配"机制。

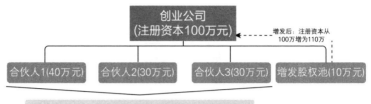

图7-6 持续分配增量股权的"全动态股权分配"机制

区分内外部股东的全动态存量股权分配

外部股东是指不参与公司日常经营的股东,最典型的就是财务投资人。鉴于内外部股东对公司的价值感知的不同和参股逻辑的不同,我们可以做一个区分内外部股东的股权架构。如图7-7所示,对外部股东进行传统的静态分配,除了他们获得的公司股权,所有剩余股权在合伙人之间进行动态的分配。而这部分股权需要放置在一个专设的持股主体中,属于"存量股权"。这个持股主体的法律形式可以是有限合伙企业、有限责任公司,也可以是一个代持人。因为所有合伙人所取得的股权都是在动态股权分配机制下取得,因此这是一个全动态的机制,保持着最大的激励性。采用内外部股东架构的结合,能够省下不少跟外部股东沟通的时间。让外部股东比如财务投资人参与到"动态分配"这个过程也不是一个明智的做法,因为其往往付出了很高的溢价取得公司的股权。换句话说,他们可能付出100万元才获得了1%的股权。但如果是参与动态股权分配计划的合伙人给企业投入100万元的现金,所获得的股权很可能远远大于1%。

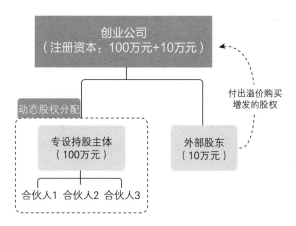

图7-7 全动态存量股权分配架构

分部门动态股权持股架构

一些公司可能有比较明显的部门分工,比如产品研发、产品销售和公司管理。公司要取得成功要求每一个部门都密切配合,他们的贡献缺一不可,很难评估哪一个部门比另外一个部门更重要。部门与部门间的贡献比较难有可比性。所以,有时候很难按照一套标准来分配股权。但是部门内每个人的贡献可比性就高很多。在这种情况下,我们可以把公司的股权先做一个粗略的静态的划分,分成几个"粗块",然后再在这些粗块中制定部门内的动态股权分配方案。

如图7-8中的创业企业，把公司的研发部门、销售部门和管理部门的股权分别装到三个合伙企业中，作为这三个职能部门的股权池。这个做法是承认每个职能部门的相对贡献度。一个产品卖得好，可能40%是销售部门的贡献，30%是产品研发部门的贡献，30%是公司管理部门的贡献。每个部门按照他们的工作内容再制定自己的动态股权分配标准。但要注意，虽然每个部门有自己的动态股权分配标准，但要是他们所适用的里程碑应该是一致的，也就是说切蛋糕分配股权的时点是一致的，这样才能把不同部门的工作目标统一起来。如果公司的目标没有达成，哪怕某一个部门做得特别好，完成了部门的任务也不应该分配部门的股权，否则会使得部门与部门之间完全割裂，出现研发部门为了研发而研发的糟糕情况。

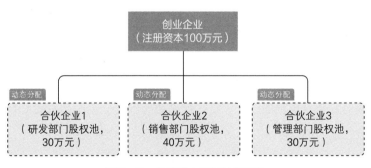

图7-8 分部动态股权持股架构

在分部门分配股权的方案中，我们还可以进一步约定，每个部门的股权池所适用的合伙人范畴。可以约定只适用于本部门的人，也可以约定适用于所有合伙人，只要这个合伙人为这个部门做了贡献，他就可以分这个部门的股权池。在实践中，存在那种全能型的、跨部门都能做贡献的合伙人,尤其是在初创企业中,没有严格的分工反而是常态。每位合伙人都一人多职,一职多能。例如,做研发的合伙人利用自己的关系帮助公司获得一笔大的订单,为销售部门做了贡献。这个贡献所获得的股权就体现在销售部门的股权池中。

动中有静,静中有动。动与静都是相对的。动与静的结合使得公司的股权在承担不同职能的合伙人之间实现一个平衡,而每个合伙人取得多少股权是不确定的,完全取决于公司目标是否达成以及他为公司所做的贡献。

案例:群蜂社的部分动态间接持股架构

群蜂社是由分享投资内部探索"享投就投"项目演变而来。我们通过这个项目测试了商业模式的可行性后,分立出来一家独立的公司。如图7-9所示,分享投资的股东组成的分享普惠公司持有59%的股权,而我作为公司的CEO持有8%的股权,剩余的33%是我们团队的股权池,采用动态股权分配机制进行分配。包括我在内，整个创业团队都采用同样一套机制参与动态股权分配。显然，这是一个部分动态分配存量股权的架构。我们把股权池放在一个叫做"享投就投"的有限合伙企业中，由群蜂社公司主体担任管理合伙人，获得股权的合伙人通过获得这个有限合伙企业有限合伙人份额的方式间接地拥有公司的股权。在股权没有被分配出去之前，由一个人代持着合伙企业的份额，而被分配出去的股权则从代持人手中过户到获得股权的团队成员中，实现动态分配。

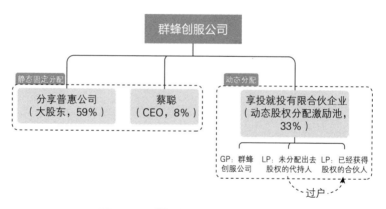

图7-9 群蜂社的动态股权分配架构

之所以采用这个架构，主要有以下几个原因：

1) 在公司设立的前期，大股东确实给群蜂社导入了很多资源，让群蜂社有一个很高的起点，我们可以暂且用一个非常粗略的方式给予分享普惠公司59%的股权，以换取这些资源以及日后难以计价的扶持。

2）我作为 CEO 获得 8%的股权，是因为我在前期商业模式探索方面发挥了较大的作用，而且承担了一定的风险和责任。

3）对大股东来说，把这套机制限定在公司 33%的股权池内，会让其更放心，不至于丢掉控股权。

如何分配股权本来就不是一个公式，而是需要平衡与协调的一项艺术。有商业谈判的成分，也有人情味。固定分配出去的两部分股权并没有经过严谨的计算，只由实际控制人大概做了一个划分，大家都觉得合适便这样定下来了。我并没有觉得吃亏，因为在开始开干之前，我的贡献并不多，主要就是投入一些资本金。在这个机制下，我的贡献会让我在 33%的股权池中获得更多的股权分配。而我们的团队也并没有觉得有什么不妥，因为我们拿着市场化的薪酬，而且这个固定的薪酬会由大股东在短期内提供保障。这使得我们个人所冒的创业风险并没有很大。可以理解为团队成员是 67%的职业经理人和 33%的创业者。股权越大，受益越大，责任越大，这很公平。

群蜂社成立满两年时，我们对外做了一轮融资，融了一小笔钱，以便于我们大胆地探索商业模式。跟大多数融资一样，这轮融资采用增发股权的方式进行。对外增发股权，所有老股东的股权比例都被稀释，动态股权分配股权池作为一个整体的股东也一样（见图 7-10）。

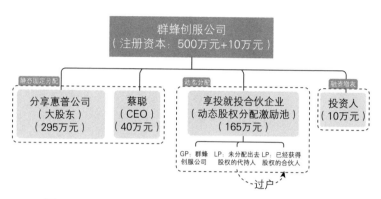

图 7-10 群蜂社的动态股权分配架构（增发股权融资后）

目前，群蜂社已经完整地走过了 5 个年头。我们已经进行了两期的股权分配，每期分配了股权池约 1/3 的股权。第三期股权分配计划可能在 2~3 年间实现，当公司达到分配的里程碑，将分配股权池里剩余的全部股权。通过三期股权分配计划分完股权池的股权之后，公司的股权架构就已经固定下来了。那是不是意味着，就不能继续做股权激励计划了呢？

当我们把所有预留的股权池都分完时，我们一定会通过"增发出增量股权"的方式设立一个新的股权池（见图 7-11）。对于一家在创业路上的公司来说，没有股权激励是难有战斗力的。增发股权需要与全体股东进行沟通，因为这可能会稀释他们的股权比例。但我相信一个有格局的股东会是很乐意这么做的，只要有好的机制确保增量股权带来增量的价值。当蛋糕做大了，虽然切的比例少一点，但获得的利益不一定比原来少。我们通过里程碑的制定来确保切蛋糕那一刻，这个蛋糕确实比原来做大了。只要能确保这一点，那公司就永远有可以用于激励团队的动态股权分配，公司的股权激励就会变成全动态的股权激励。

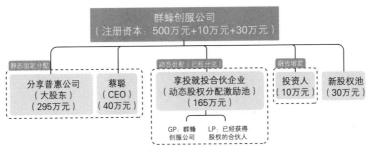

图7-11 新增发股权池

如果你在考虑执行这套动态股权分配机制，而又担心自己把控不好这套机制，那你完全可以像群蜂社那样先做个部分动态的架构，在一个股权池里应用动态股权分配机制，等你把这套机制运用娴熟后，再转变为更具有激励性的全动态方案。这也会更容易让你的团队成员接受。

第八章

制定分配股权的里程碑

里程碑与股权切割

贡献值的本质是"期权",对于团队的成员你不可能永远给予他们未来的权利,只画个饼。当未来的计划实现了,就应该将期权转化为股权,让团队成员公平地享受到他们努力的成果,尝到阶段性的甜头,保持斗志。为了确定将贡献值转化为公司股权的时点,我们需要定义一些"里程碑"。里程碑的制定应该体现公司不同发展阶段的风险水平(见图8-1)。在不同的发展阶段,创业团队所面临的风险不一样,顶住了风险到达了里程碑,理所当然应该得到回报。项目前期的不确定性要比后期大,创业成员所冒的风险也大。我们通过设定阶段性的里程碑,以及达到里程碑后的股权切割的方式,体现不同阶段下合伙人所面临的创业风险,公平地给予不同阶段做出贡献的合伙人回报。

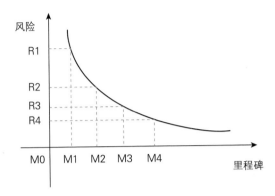

图 8-1 不同阶段面临的风险不同

案例：

SugarX 公司拟研发一款革命性的无创血糖仪，解决糖尿病患者要通过有创的扎手指取血的方式监控血糖的世界难题。拟研发的血糖仪像一只运动手环，只要佩戴在手腕上通过特殊的光线照射，对反射出来的光谱进行分析就可以检测出血糖在血液中的含量。血糖在人体中是不断变化的，这种无创方式使得连续检测血糖成为可能。这个产品的研发技术难度非常大，但一旦研发出来，价格合理的话是不愁销量的。光在中国糖尿病患者就有 1.3 亿之多。

像大部分初创医疗器械公司一样，公司要经过产品研发、报产品注册证、建立销售网络等重要的环节。公司把实现盈利作为公司可预见的未来的经营目标，为了达到这个目标，设定了 M1~M4 四个里程碑，并且在达到里程碑的时候对各个阶段做出贡献的合伙人分配股权。表 8-1 显示了 SugarX 公司的 4 个里程碑，以及由里程碑分割出来的 4 个发展阶段，以及每个阶段合伙人所面临的创业风险。

表 8-1 SugarX 公司的里程碑

里程碑	发展阶段的内容	该阶段合伙人面临的风险
M1：产品样机测试成功	M0~M1：产品研发	R1：产品研发失败+R2
M2：获得注册证	M1~M2：申请产品注册	R2：注册失败产品上不了市+R3
M3：累积销售收入达 1000 万元	M2~M3：建立品牌和销售网络	R3：产品不被市场认可+R4
M4：实现盈利	M3~M4：力争实现收支平衡	R4：现金流一直为负

由表 8-1 可见，从 M0 到 M4，SugarX 公司的风险水平从 R1 到 R4 逐渐减少。在 M0~M1 产品研发阶段的合伙人就比在 M1~M2 申请产品注册阶段的合伙人要面临多一项风险：产品研发失败。

以 SugarX 公司为例：我们假设 SugarX 公司完成 4 个里程碑将分配 300 万元的总股本。每个阶段合伙人做出的总贡献值都是 250。如果不在里程碑实现时切割股权，而是把 M1~M4 全部混在一起，当 M4 完成时，每个阶段的合伙人都可以获得 25% 的股权，即 75 万元的股本（见表 8-2）。这显然是不合理的，因为 M0~M1 阶段加入的合伙人显然比 M3~M4 阶段加入的合伙人冒更多的风险,但他们获得了一样的回报。

表8-2 不以里程碑为时点切割股权

发展阶段的内容	M0~M1的合伙人贡献值	M1~M2的合伙人贡献值	M2~M3的合伙人贡献值	M3~M4的合伙人贡献值	达到M4才分配的股本(万元)
M0~M1:产品研发	250				
M1~M2:申请产品注册		250			
M2~M3:建立品牌和销售网络			250		
M3~M4:力争实现收支平衡				250	
合计	250	250	250	250	
分得的股本(万元)	75	75	75	75	300
股比	25%	25%	25%	25%	100%

如果我们把风险显著下降的时点作为里程碑,从早到晚,分配的股权逐渐减少,并且在里程碑达到的时候把分配到的股权进行切割固化,就会出现表8-3的结果。同样是250的贡献值,但是第1阶段切割到的股权是100万元,获得33%的股权,而第4阶段切割到的股权是50万元,占16.67%。这就显得合理得多。操更大的心、冒更大的风险就要赚到更多的钱,这很公平。

表8-3 以里程碑为时点切割股权

发展阶段的内容	M0~M1的合伙人贡献值	M1~M2的合伙人贡献值	M2~M3的合伙人贡献值	M3~M4的合伙人贡献值	达到里程碑对应的分配股本（万元）	对应股比
M0~M1：产品研发	250				100	33.33%
M1~M2：申请产品注册		250			80	26.67%
M2~M3：建立品牌和销售网络			250		70	23.33%
M3~M4：力争实现收支平衡				250	50	16.67%
合计	250	250	250	250	300	100%

这与公司向外部财务投资人融资的逻辑是一样的。通过溢价程度来反映企业不同阶段的风险。比如在产品研发阶段，公司估值1000万元，投资人投入100万元就可以占有公司10%的股权；而在申请产品注册阶段，公司估值2000万元，投入100万元就占有公司5%的股权，估值的溢价就是对前期合伙人承受更高风险的补偿。

第八章
制定分配股权的里程碑

创业企业的发展阶段

图 8-2 是典型的创业企业的发展阶段。我们可以粗略地把创业企业划分为：初创阶段创业企业（Early stage startup）和增长阶段创业企业（Scaleup）。初创阶段创业企业做的是从 0 到 1 的事情，为了找到可行的可规模化的商业模式；而增长阶段创业企业做的就是从 1 到 N 的事情，为了执行规模化，把企业做大。

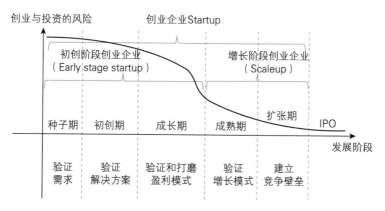

图 8-2　创业企业的发展阶段

我们再进一步细分企业的发展阶段，可以把初创阶段创业企业进一步划分为：种子期、初创期、成长期；把增长阶段的创业企业进一步划分为：成熟期和扩张期。合伙人对自身企业的发展阶段，以及每个阶段的工作目的和要达到的里程碑要有非常清晰的认识。只有这样才能做到有章法地创业，精准地运用动态股权分配机制激励团队快速达到里程碑。

图8-3中的曲线表示创业企业各个阶段的现金流状况，在创业前期企业在投入阶段，里程碑可能是一些非财务指标，而在创业后期财务指标就是里程碑更好的选择。

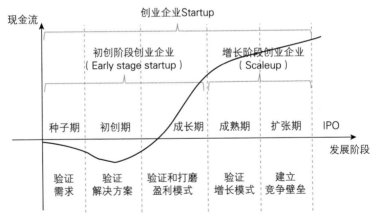

图8-3 创业企业各个阶段的现金流

常见的里程碑

在表 8-4 中,我列举了一些常见的里程碑设置。

表 8-4 常见的里程碑设置

里程碑	举例/解读
产品开发/研发成功	某款 App/硬件已经通过测试,成功上线
产品获得销售许可/经营许可	不少行业有严格的市场准入许可,比如医疗器械、药品都需要注册后才能进行销售,金融机构需要获得牌照才能营业
公司销售收入达×××万元	公司建立起销售网络,销售收入初具规模,达到了 1000 万元
公司毛利率达到×%	公司通过理顺销售和成本环节,主业盈利性确立
公司实现收支平衡	这意味着公司有持续的造血能力
公司实现正的经营性现金流	这意味着公司倒闭的风险很低

（续）

里程碑	举例/解读
公司获得风险机构的投资	公司的发展受到了资本的认可
注册用户/付费用户/消费者达到了×人/户	公司的产品受到了市场的认可
平台流水达到×万元	平台初具规模
公司的市场占有率达到×%	公司品牌价值初显
行业排名达到第×名	公司行业地位奠定
连续三年取得×%的销售增长	证明公司有很好的成长性

  每个团队都可以根据自己的商业模式和所处的行业制定个性化的里程碑，引导团队共同努力。我建议团队提前制定未来3~5年的里程碑即可，没有必要一次制定未来10年的里程碑，计划总是赶不上变化。而且每实现一个里程碑之后，我们都可以对后面的里程碑做审视和修订，确保下一个里程碑有足够的挑战性和战略意义，但不能太遥不可及，要让团队看得到1~2年内达到这个里程碑是有希望的。确保所有里程碑实现之后，公司的发展已经走上了正轨并达到一定的规模，而公司的绝大部分股权都已经分配给了功臣。

案例：群蜂社的里程碑与股权切割

群蜂社的动态股权池中有33%的公司股权可供团队分配，我们制定了三个里程碑，这是我们预计5~7年就可以完成的三个里程碑。达到了这三个里程碑，不意味着创业的结束，或者公司已经非常成功不再需要激励。初创企业在不断变化的环境中，难以计划遥远的未来。每个里程碑的实现应该是1~2年的时间，每1~2年分配一次股权是合适的频率。我们预留的股权池分三次分配，每次分配所剩余股权的1/3，这样设置的好处是我们永远有股权用于激励，虽然我们剩余未分配的股权越来越少，但是其价值不一定越来越小，因为饼做得越来越大了。三个里程碑以及分配的股权比例如表8-5所示。

表8-5 群蜂社的三个里程碑以及分配的股权

里程碑	股权兑现条件	分配的群蜂社公司股权
第一个里程碑	平台投融资金额达到2亿元以及平台会员达到2000人，两个条件须同时满足	33%×(1/3)= 11%

(续)

里程碑	股权兑现条件	分配的群蜂社公司股权
第二个里程碑	平台投融资金额达到 5 亿元以及平台会员达到 5000 人,两个条件须同时满足	$33\% \times (2/3) \times (1/3)$ $= 7.33\%$
第三个里程碑	平台投融资金额达到 10 亿元以及平台会员达到 10000 人,两个条件须同时满足	$33\% \times (2/3)^2 \times (1/3)$ $= 4.89\%$

群蜂社用了约两年的时间达到了第一个里程碑,随后又用了约三年的时间达到了第二个里程碑。我们进行了两次股权分配。在到达了第二个里程碑之后,我们对第三个里程碑做了修订,根据公司最新的发展情况和经营环境动态地调整未来 5 年的里程碑。始终保持有三个里程碑摆在我们的未来,让团队看清楚方向。里程碑也是可以动态调整的,只要合伙人取得共识即可。创业公司面临的环境本来就复杂多变,没有必要墨守成规。

股权的纵向切割:分部切割

按照里程碑我们不仅可以把公司的股权进行"横向切割",还可以对同一里程碑的股权进行"纵向切割"。在第七章中,我

第八章
制定分配股权的里程碑

们提到了分部门动态股权持股架构,把股权按照部门来切分就是其中一种"纵向切割"。纵向切割后每个部门可以单独制定自己的一套动态股权分配机制。

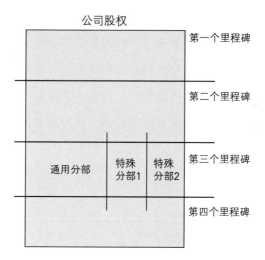

图8-4 特殊分部与通用分部

除了按部门切割,我们还可以设定特殊分部和通用分部。两者有重要区别。按照部门切分,每个部门有自己的一整套动态股权分配机制,相互是独立的。部门的合伙人是独立的,贡献点是独立的,股权也是独立的。而特殊分部与通用分部的分法,仅仅是从要分配的股权中划分出一个特殊的分部。这个特殊分部可以专属一个部门,也可以专属一种类型的特殊贡献。让这种类型的特殊贡献更有确定性,而通用分部则是适用于所有人。

例如,研发能力作为许多科技型公司的核心竞争力,关乎公司未来的产品储备和长远利益,但又难以衡量。我们可以把一部分股权分配给研发部门或者研发的贡献点,避免了因为研发属性的贡献点量化标准不合理导致严重高估或者严重低估研发的贡献,使得股权分配的比例不合理。把这部分特殊股权划出来后,其余的股权作为通用股权全员可以参与分配。这是一种"保护性"的措施,一些特殊的职能部门可能短期不产生直接价值,但为了公司的持续创新又很有必要鼓励团队去大胆地探索试错。通过这种特殊分部的设置,我们在股权分配机制中兼顾了公司长期的理想主义和短期的功利主义。

转股对价

期权三要素

当企业达到里程碑时,各个合伙人都有了贡献值,就应按照贡献值的比例分配股权。贡献值是一个期权,意思是达到里程碑时,合伙人有权获得一个按照机制分配到的"入股权"。要定义一个期权,我们需要明确期权的核心三个要素:1)能换多少股权？2）什么时候生效？3）需要支付的对价。

1) 能换多少股权？——在制定里程碑和切割股权的时候就需要约定好。例如：群蜂社明确达到第一个里程碑时这个股权相当于公司股权的11%，如果制定这个政策的时候公司的注册资本是500万元，那对应的就是55万元的注册资本。每个合伙人按照他们在第一阶段所获得的贡献值比例分享这55万元的注册资本。如果把群蜂社视作一家股份公司，一股面值一元，那就相当于55万股。

2) 什么时候生效？——到达里程碑的时候就生效。

3) 需要支付的对价——这是本节要重点探讨的内容。

是否要支付对价？首先明确这是一定需要的，成员付出对价获得股权才会更加珍惜。动态股权分配机制分配的是一个认股权，而不是赠送股权。可以根据公司的实际情况，制定行权对价。行权价格有很多标准，不管是什么标准，但一定对行权人要有足够的激励性和吸引力。如果行权价格过高，或者参照公司对外融资的风险投资机构标准，这样的股权对被激励者来说就没有任何的吸引力了。

可采用的行权价格标准如下：

1) 原始注册资本作价，尤其是对于处于创业早期的公司，以及还在亏损期的公司。

2) 净资产作价，尤其是对于已经有累计利润的公司。

3）按照市盈率或者市销率等指标给公司定一个价格，但价格需要有吸引力，而且明显低于外部股权融资的市场价格，尤其是对于已经产生销售，销售较稳定，甚至已经有利润的公司。
4）在最近一次对外融资价格的基础上打一个优惠折扣。
5）综合使用以上多标准定价，取最高价、最低价或者是平均价。

对价是否要考虑贡献值

在分配股权这个环节，贡献值的第一个职能是作为一个"相对指标"计算各个合伙人获得转股权的比例。每个人可以分得多少股权，只需要知道他们之间的比例就可以了，绝对值并不重要。

制定贡献点和计算贡献值的方法和标准有很多。贡献值可以是一个虚的"积分"，例如，使用评奖打分衡量比较主观的标准，就是与现金价值没有多大关系。也可以是基于现金价值来衡量，1元贡献值就是对应实实在在地给公司带来的1元收益或者是省下来1元的成本。对于这样的贡献值，贡献值的"绝对值"就相当于合伙人已经支付的对价。可以在转股对价的设定中考虑进去，作为其已经支付的转股对价，或者对价的一部分。

如果你制定的贡献点是充分考虑与现金的互换性的，你可以这样来考虑贡献值与转股价格的关系。首先,我建议每家企业都视自己为"股份公司",公司的股本按照每注册资本1元视为"每股面值为1元的一股"。从法律意义上来说,有限责任公司不是股份公司,没有"股"的概念,但我们这样来折算会更便于股权价值的计算以及理解。

举例:公司上一轮融资后,按照1亿元投后估值对外融资。公司的注册资本为100万元,则对外融资的价格为100元/股。公司计划按照这个价格的30%作为动态股权分配计划的转股价格,即30元/股。因为公司的贡献值衡量标准参照了与现金之间的互换性,因此公司规定贡献值可以抵销转股价格(或者还可以规定"可以提现的贡献值"可以抵销转股价格,不可提现的贡献值不可抵销。)这样,每个合伙人的贡献值的相对比例决定了他们获得股权分配的比例,而合伙人的贡献值决定了他们要支付多少钱来获得股权。

情况一:达到里程碑后,合伙人甲获得了50000的贡献值(性质上类似于应该领取但不领取的奖金),按照比例他获得了公司增发2000股的认股权。按照行权价格,他应该要支付公司60000元(即,30元/股×2000股),所以他需要额外支付10000元给公司,其中2000元进入公司的实收资本,8000元进入公司的资本公积。贡献值50000清零。

情况二:如果按照比例合伙人甲获得公司增发的认股权只有1000股,而不是2000股,则他只需要支付30000元即可。因为他有50000的贡献值,这意味着他不需要支付任何价格。多出的20000贡献值也一并注销。实际上他的转股价格为50000/1000＝50元/股。这意味着大家都积极做贡献，公司的价值提升了，转股价格涨了，逻辑上也是合理的。前面多出来的20000贡献值除了一并注销，还可以不注销，以现金替代，或者转到下一个里程碑继续积累。

制定转股的价格机制有很多种，公司可以灵活使用。

案例：群蜂社的转股对价

群蜂社运营5年，达到了两个里程碑。群蜂社的贡献值是严格按照现金标准来计算的，大部分的贡献值实际上是"奖金"的性质。例如，某个合伙人为我们引入了100多万元的资金，他理应得到一笔2万元的奖励，而该合伙人可以选择提取出来，也可以选择不提取，作为其贡献值留作日后转股。当他选择不提现时，就实实在在给公司省下了一笔现金支出。我们大部分贡献值都是按照这样的标准来制定的，与现金有很大互换性。在公司达到第一个里程碑的时候，全体合伙人一共积累了174万的贡献值，我们分配了公司11%的股权，即500万元注册资

第八章
制定分配股权的里程碑

本的 11%，一共 55 万元。在转股的时候，合伙人需要按照注册资本的原始价值支付 55 万元对价。也就是说为了取得这个 11% 的股权，获得这部分股权的全体合伙人一共付出的对价为 229 万元，即转股时被一笔勾销的 174 万元，加上需要额外掏 55 万元实缴的注册资本金。公司的估值相当于 2082 万元（229 万元/11%），即每 1 元注册资本（为了便于讨论和理解，下文统称为"每股"）的价格为 4.16 元。这个估值是非常有吸引力的，就算我们的股权没有资本溢价，靠我们日后的分红都能为持股者创造很好的收益。

在后面的里程碑中，我们还可以对"转股价格"做一些约束，使其具有合理性。比如群蜂社达到第二个里程碑后，要分配 7.33% 的股权（即 500 万股×7.33% = 36.65 万股）时，我们可以约定转股的价格不低于第一个里程碑的价格，每股不低于 4.16 元。第二个阶段分配要支付的对价不低于 36.65 万股×4.16 元/股 = 152.46 万元。如果第二阶段全体合伙人创造的贡献值只有 100 万元，加上要支付的资本金原始价 36.65 万元，一共为 136.65 万元，则合伙人需要额外再掏 15.81 万元（即 152.46 万 - 136.65 万元）把差额补齐。而如果超过的话，则不需要补差价。这个转股价格不低于前一个里程碑的约定不是必要的。

群蜂社的第二个阶段的贡献点和贡献值完全沿用第一个阶段的贡献点和贡献值。如果第二个阶段的转股价格比第一个阶段低，那就存在一个逻辑错误。因为一个达到了第二个里程碑的企业价值不应该比只达到第一个里程碑的企业价值低。我们可以增加一个约束条件来避免这个逻辑错误。

但如果群蜂社的贡献值与现金并没有严格对应，或者第二个阶段使用的贡献点和贡献值标准与第一个阶段有很大的不同，那贡献值的绝对值甚至就不应该在转股支付对价的时候考虑，可能直接给一个转股价格更简洁明了，容易理解。例如，给公司一个合理的定价，达到第一个里程碑 1 元/股，达到第二个里程碑 2 元/股。无须考虑贡献值的绝对值，只考虑其相对比例，以此作为各个合伙人分配股权的比例依据。

案例：SugarX 公司典型的动态股权方案演示

全动态直接持股分股方案是我认为最纯粹和最具激励性的动态股权方案。如果把前面讲到的"部分动态""动静结合""间接持股"的持股方案看成是动态股权分配机制与传统静态分配机制的妥协方案，那全动态直接持股分股方案就是动态股权分配机制的彻底执行。在全动态直接持股分股方案下，公司的所有股权都按照合伙人的贡献度来分配。因为直接持股，分配的股权权利最完整，保障度最强，因此股权的激励性也最强。这种分股方案适用于几名合伙人共同创办一家企业的场景，合伙人地位比较平等，都能够独当一面，资源也不相伯仲。也适用于从零开始探索公司发展之路的初创公司，创业探索的过程充满了不确定性，合伙人之间也没有非常明确的分工。我们继续以开发无创血糖仪的 SugarX 公司作为案例，讲述如何实施全动态直接持股分股方案。

案例 | SugarX 公司（续）

SugarX 公司拟研发一款革命性的无创血糖仪。公司由两名工程师张三、李四，以及一名临床经验非常丰富的内分泌科医生陈五共同创办，除此之外还招聘了 8 个人负责公司的方方面面。三名创始人一致决定采用全动态的直接持股方案实施动态股权分配机制。

动态股权分配机制的初始设置

（1）人员的分工

公司的动态股权分配由有医疗器械成功产业化经验的张三牵头制定规则，由三人讨论一致通过，交由公司负责财务和人事的蔡会计负责细化实施。

（2）确定合伙人范畴

三人决定动态股权分配机制适用于三名合伙人。日后再根据公司发展的需要纳入新合伙人。纳入新合伙人时，只要三个人当中的两个人同意即可。

（3）估算总注册资本

三人决定公司的注册资本将随着公司的发展逐渐增加。每次用发行增量股权的方式获得可用于动态分配的股权。三人认为公司在可预见的未来可实现的目标是盈亏平衡，要达到这个目标，注册资本预计会增加到 1000 万元。如果 1 股的面值为 1 元注册资本，那相当于发行 1000 万股用于各个阶段激励合伙人。用注册资本来体现各个合伙人的股权，同时在公司章程中约定股东的各项股东权利都依据注册资本享有。（注意：有一些股权权利，股东之间没有特别约定，公司法默认是依据"实缴资本"的比例享受，比如分红比例。我们可以特别约定按照注册资本而不是实缴资本。）

（4）确定起始股权

三名合伙人决定注册 SugarX 公司作为创业的载体。注册一家新公司就涉及初始股权，以及每个人占比的问题。公司既然用全动态直接持股分股方案分配公司股权，初始的股权比例也应该按照贡献值分配。初始股权仅仅是一个起始点，后面随着里程碑的达成会动态调整。

若在注册公司之前，合伙人们已经开始做了大量的筹备工作,而且已经按照大家的贡献点开始累积贡献值,那么注册公司这一刻,可以按照已经累计的贡献值再加上注册公司时每人投入的资本金,算出最新的贡献值,按照这个股权比例注册公司。例如,企业启动时,创始人不仅投入了现金,还投入了一些设备或者知识产权,则可以把设备和知识产权的贡献值也考虑进去。

如果在注册公司之前,团队还没有开始工作,只是进行了一些头脑风暴和可行性研究,那么注册公司时的股权比例很简单,问问每一个人愿意投资多少钱,按照每一个人愿意投入的资金的比例占股即可。因为注入资金是这一刻显而易见的贡献点,也非常好量化,除了投入的资本金外,大家都还没有做任何贡献,就按注入的实际金额来算即可。

SugarX是创新产品的研发公司,初始状态的贡献值显而易见,三位合伙人只投入了资金以及专利技术。张三投入了30万元资金,并且还有一项专利技术;李四投入了30万元现金;陈五投入了20万元现金。三人按照公司法的约定聘请了第三方资产评估机构对专利技术评估作价20万元,并且过户到公司名下,履行出资程序。SugarX公司的初始注册资本就定为100万元:张三50万元,李四30万元,陈五20万元。

(5) 里程碑与股份切割

公司制定了4个里程碑,他们认为这4个里程碑将在未来的5年得到实现。按照4个里程碑的重要性以及公司的创业风险水平的变化,对拟发行的股本总量进行了切割,如表8-6所示。

表8-6 SugarX公司里程碑与股权切割

里程碑	发展阶段的内容	分配的股权（股）
初始股权		100万
M1：产品样机测试成功	M0~M1：产品研发	350万
M2：获得注册证	M1~M2：申请产品注册	200万
M3：累积销售收入达1000万元	M2~M3：建立品牌和销售网络	200万
M4：实现盈利	M3~M4：力争实现收支平衡	150万
合计		1000万

（6）约定转股对价

三人约定，贡献值只决定每次股权分配的时候合伙人之间的分配比例。合伙人获得股权分配时，需要支付一定的对价购买公司的股权。股权估值取公司的注册资本与公司净资产的账面价值相比较高者。

（7）约定贡献点、贡献值的标准以及贡献值和股权的其他细节（详见后面的章节）

（8）形成相关的法律文件

至此，一整套动态股权分配的初始设置就准备好了，后面随着业务的开展，用贡献值账本持续地对各个合伙人的贡献进行记录。

第一个里程碑的股权分配

经过两年的发展,公司的样机终于做出来了,并且通过了内部的测试,公司达到了第一个重要里程碑,进行第一次股权分配,分配公司350万股的股本。

表8-7 SugarX公司第一个里程碑达成后的股权分配

	单位	合计	张三	李四	陈五
初始股权	万股	100	50	30	20
初始股比			50%	30%	20%
第一次股权分配时的贡献值		10000	6000	3000	1000
第一次股权分配时的贡献值比例		100%	60%	30%	10%
按贡献值比例做第一次分配的股权	万股	350	210	105	35
第一次分配股权后累计的股本	万股	450	260	135	55
第一次分配股权后的股比		100%	58%	30%	12%

根据贡献值的账本,张三的贡献值为6000,李四为3000,陈五为1000。三人按照贡献值比例60%:30%:10%分配350万

股的股本。张三获得 210 万股、李四获得 105 万股、陈五获得 35 万股。经过第一次股权分配后,张三从 50% 的股权比例提升到了 58%,李四的股权比例没有变化,而陈五的股权比例从 20% 降到了 12%。这就是"动态"的体现。

在工商登记中体现动态股权分配

三位合伙人获得股权分配后,就需要支付对价转股。公司约定转股的股权作价为注册资本与净资产账面价值较高者。此时因为公司的产品还在研发,没有任何的收入,净资产账面价值是 20 万元,低于初始注册资本 100 万元。那就按照注册资本 100 万元对公司进行作价,即 1 元/股,作为转股的对价。张三要拿出 210 万元、李四要拿出 105 万元、陈五要拿出 35 万元购买各自分配得到的股本。但此时出现了一个尴尬情况,几个合伙人都没有这么多的现金。怎么办?可以先付一部分。三位合伙人约定实缴到注册资本的 40%,其他先欠着,作为股东应缴未缴的注册资本,待公司需要的时候且合伙人有钱的时候再实缴进来。

表 8-8 实缴资本支付

	单位	合计	张三	李四	陈五
初始股权	万股	100	50	30	20
初始股比			50%	30%	20%

(续)

	单位	合计	张三	李四	陈五
第一次股权分配时的贡献值		10000	6000	3000	1000
第一次股权分配时的贡献值比例		100%	60%	30%	10%
按贡献值比例做第一次分配的股权	万股	350	210	105	35
第一次分配股权后累计的股本	万股	450	260	135	55
第一次分配股权后的股比		100%	58%	30%	12%
实缴比例		40%	40%	40%	40%
转股后的实缴资本	万元	180	104	54	22
应增加实缴的资本	万元	80	54	24	2
应缴未缴的资本	万元	270	156	81	33

如表 8-8 所示，第一次分配股权后累计的股本有 450 万股，张三、李四、陈五分别有 260 万股、135 万股、55 万股。按照 1 元/股，须投入注册资本金 260 万元、135 万元、55 万元。因为没有这么多的资金，三位合伙人约定按照 40% 实缴，即投入 180 万元实缴资本。因为初始注册公司的时候已经投入了 100 万元，所以需要增加 80 万元，张三、李四、陈五分别投入 54 万元、24 万元以及 2 万元。资本金以及三位合伙人股权的变化如表 8-9 所示。

表8-9 工商登记以及财务核算的注册资本与实缴资本

(单位：万元)

说明	资本	合计	张三	李四	陈五
初始股权	认缴资本	100	50	30	20
	实缴资本	100	50	30	20
第一个里程碑的股权分配变动	认缴资本	350	210	105	35
	实缴资本	80	54	24	2
第一个里程碑分配后的股权	认缴资本	450	260	135	55
	实缴资本	180	104	54	22
	认缴未缴的资本	270	156	81	33

　　动态股权分配机制完全可以合法合规地在财务上和工商登记上进行反映。在工商系统中体现为公司的注册资本或者叫做认缴资本，公司的章程也在系统中备案，股东的股权受到一整套法律法规的保护。"注册资本"的法律意义是公司股东对公司债务的承担限度，也就是说股东们承诺在这个注册资本的额度内对债务承担有限的责任，超过这个额度，股东们便不再承担，不能再追溯到股东们的私人财产。这就是"有限责任"的含义。

　　创业者一定要注意，注册一家公司时，虽然资本可以认缴不实缴，但不宜为了显得公司有实力而故意把注册资本设得很大，远远超出公司所需要的资本金。认缴的注册资本是股东为公司承担债务的上限，如果公司资不抵债破产了，债权人有权利向股东追偿其认缴未实缴的资本金。换句话说，认缴而未实缴的资本金可以追偿到股东个人身上，曾经做过的承诺是要兑现的。一家企业在运作过程中，谁能保证不对外举债呢？公司债权不仅包括向银行借的贷款，还包括客户赊销形成的应付账款、应付未付的税金、员工工资、尚未兑现的客户预付账款等。创业是一个冒险的行为，利用公司的有限责任制，做好个人的防火墙非常重要。在动态股权分配机制下，认缴了但是没有实缴的注册资本，一方面是公司的股权，另一方面也是股东对公司的负债。应用动态股权分配机制增发注册资本对股权比例进行调整时，切记要把注册资本金额控制在合伙人可以承受的范围内。

必备知识

关于公司的注册资本（认缴资本）与实缴资本

2014年3月1日实施的《中华人民共和国公司法》全面实施注册资本的认缴登记制，这对于动态股权分配制度的执行带来了极大的灵活性和便利。其中第三十四条规定："股东按照实缴的出资比例分取红利；公司新增资本时，股东有权优先按照实缴的出资比例认缴出资。但是，全体股东约定不按照出资比例分取红利或者不按照出资比例优先认缴出资的除外。"应用动态股权分配机制须对"注册资本""实缴资本"有比较清晰的认识，并且对相关的条款做一些符合公司情况的个性化调整。

在2014年3月1日《中华人民共和国公司法》修订版正

式施行以前，我国实行的是"注册资本实缴登记制"。旧版公司法约定，有限责任公司的注册资本为在公司登记机关登记的全体股东认缴的出资额。公司全体股东的首次出资额不得低于注册资本的百分之二十，也不得低于法定的注册资本最低限额，其余部分由股东自公司成立之日起两年内缴足。有限责任公司注册资本的最低限额为人民币三万元。然而，要求注册资本实缴到位，放在公司的账上，很可能有相当部分的资金是超过公司所需要的，闲置在账上，这是对现金资源的浪费。因此，在现实中股东们往往运用会计的手段或者股东往来，将闲置的钱转出来，发挥资金的流转效益。也因为有这一项不合理制度的存在，一些单位在设立市场准入门槛时总喜欢以实缴资本作为其中的一项指标，这也无形中产生了大量抽逃资金以及由代理公司虚假出资并虚假注册的情形，虽然公司登记的注册金额从表面上看较为充足，但公司本身却往往已无相应资产，一旦产生纠纷，债权人会因举证能力限制而致使权利无法得到保护。加上工商行政机关监管不力等因素，此时，注册资金实缴制度不但成为空设，而且无形中成为股东规避责任的一种手段。因此，该项制度的建立不但在一定程度上抑制了投资创业的热情，而且不适应市场经济的发展。2014 年 3 月 1 日开始实施的新公司法，已经彻底地将"注册资本实缴登记制"修改为"注册资本认缴登记制"，这是与国际接轨的制度。按照该项规定，公司股东或发起人在公司章程中可自主约定自己所认缴的出资额、出资方

> 出资期限等内容，公司在申请注册登记时，先拟定并承诺注册资金为多少，但并不一定真的将该资金缴纳到企业银行账户中，更不需要专门的验资来证明该资金实际是否到位。在办理工商登记手续时，工商部门只登记公司认缴的注册资本总额，无须登记实收资本，不再收取验资证明文件，公司的注册资本为在工商机关登记的全体股东认缴的出资额。随着"注册资本认缴登记制度"的普及，用简单的实缴资本金的大小来衡量一家公司的实力或者承担债务的能力根本没有意义。作为投资人，我们更加不会通过实缴资本来衡量公司的投资价值。因此，公司的实缴资本这个概念，随着新版公司法的实施将进一步淡化，越来越不重要。认缴制的实施，不但为"大众创业、万众创新"创造了条件，更为公司实施动态股权分配机制创造了极为有利的条件。

外部投资人的加入

案例 | SugarX 公司（续）

SugarX 公司的样机研发成功后，公司的下一个里程碑就是获得产品的医疗注册证。申请注册是一个比较漫长的过程，需要投入大量的人力物力做临床试验以证明产品可以应用在医疗领域。靠合伙人自己的资金实力恐怕很难完成这个里程碑。于是，公司参加了一个科创比赛，希望能从外部获得风险投资资金。三个合伙人在路演中展示了他们的创业项目以及样机并且获得了一等奖。有不少投资人对他们的项目很感兴趣，纷纷前来洽谈投资。经过几轮的谈判，SugarX 公司最终选择了在医疗领域最专业的 S 资本。双方达成投资协议：S 资本将对公司增资 1000 万元，按照公司投后估值 1 亿元，占 10% 的股权。这时问题就来了：SugarX 公司使用的是动态股权分配机制，股本在每一次公司达到里程碑的时候会增发，这一个动态的股权架构，如果按照现在的注册资本给 S 资本增发股本以使其股权占到总股本的 10%，那下一个里程碑达到时，其股本可能会稀释到 7%，如表 8-10 所示。

表 8-10 合伙人和投资人股比变化

(单位：万股)

	合计	合伙人	S 资本
投资前公司的股本	450	450	
对 S 资本增发股本	50		50
投资后的公司股本	500	450	50
股权占比		90%	10%
第二个里程碑增发股本	200	200	
增发股份后的股本	700	650	50
股权占比		93%	7%

一般来说，风险投资机构不允许其股权比例被这样稀释。他们只允许有后续的投资机构按照不低于他们的投资价格增资进来而稀释他们的股权比例。风险投资机构投资一家公司时一

般会定有防稀释条款,使后续公司增发股权受到限制。有两个方式可以解决这个问题。

方式1:提前为投资人预留好被稀释掉的空间

如果公司遇到的投资人是我,能理解和认可公司实施的动态股权分配机制,我们可以在投资协议中这样约定:公司有权在未来任何时点向团队内部增发股权,使得团队持有的股权总额不超过1000万股。以团队未来会持有的这1000万股为基准,向投资机构增发10%的股权,提前预留好股权比例被稀释掉的空间。见表8-11,这时候向投资机构发行的股权就不是50万股了,而是111万股(1000/90%×10%),这时候投资机构所占的股权是20%而不是10%,临时的股权比例增加了,但团队随时可以增发注册资本对这个股权比例进行稀释。例如,到第二个里程碑时,团队根据动态股权分配机制增发了200万股,投资机构的股比就从20%降到了15%。只要在投资协议中约定好即可。S资本投资后,其他资本对公司进行下一轮投资时也适用同样的条款。

表8-11 提前预留好投资人被动态股权分配机制稀释的空间

	合计	合伙人	S资本
投资前公司的股本	450	450	
对S资本增发股本	111		111
投资后的公司股本	561	450	111
股权占比		80%	20%
第二个里程碑增发股本	200	200	

(续)

	合计	合伙人	S 资本
增发股份后的股本	761	650	111
股权占比		85%	15%

方式 2：把未来为动态股权机制要增发的股权提前发行

如果外部投资人，不想花太多时间去理解公司的动态股权分配机制，公司可迁就他们传统的操作方式，提前把未来要发行的股权池一次性预留好。例如，在 SugarX 公司的案例中，提前把 M2~M4 里程碑要分配的股权 550 万股一次性发行，装入一个持股主体中。这个主体可以是一家有限责任公司、一个有限合伙企业或者一个个人，详见第七章讲到的持股架构。当公司达到后面的里程碑时，分配的就不是增量股权，而是股权池里的存量股权。

第九章

贡献点和贡献值

从这一章开始，我们来讲动态股权分配机制最核心最重要的内容：贡献点以及贡献值。之所以是最重要的部分，因为贡献点的识别以及量化会最大限度地影响到股权分配的比例以及结果的合理性，也会最大限度地影响对团队的激励效果。

贡献点，就是我们为了到达里程碑，希望合伙人为企业带来的资源以及做出的业绩。贡献点大致有两类：资源型贡献点和业绩型贡献点（见图9-1）。

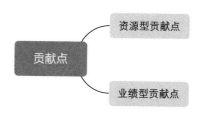

图9-1　贡献点的类型

资源型贡献点是合伙人为公司投入的资源。初创企业往往都是资源匮乏的，而能带来资源的贡献理所当然应成为贡献点。越是匮乏的资源越要设为贡献点，鼓励合伙人贡献。业绩型贡献点是合伙人优秀的业务表现给公司带来的收益。这里提到业绩型贡献点与我们经常听说的"KPI业绩管理"的业绩是一回事。许多企业都有业绩管理，不是为了分配股权，而是为了衡量部门或者员工的表现。动态股权分配机制只是在这个基础上把公司的 KPI 与股权激励这件事有机地联系在一起。

设定贡献点的原则

不是所有的贡献都应该设为动态股权分配机制的贡献点。设定贡献点需有以下原则。

(1) 越多合伙人可以参与的贡献，越要设为贡献点

这体现了公平原则，让大家都尽可能有更多的机会为企业做出贡献。例如，投入现金、少领取的工资、投入的各类资源、利用私人人脉为公司促成销售就是大家都能够提供的贡献点。尽量少设专属于某一个职位或者某一个人的贡献点，除非这个贡献点给公司带来的收益显而易见。例如，在制定群蜂社的贡献点时，设立一个贡献点"以群蜂社为案例出版一本书"就非常不合适。因为我们的团队中可能只有我有这个能力和经验，其他人难以做出这样的贡献，而且这个贡献点给群蜂社带来价值可能是间接的，难以衡量的。而我作为牵头制定贡献点和贡

献值的合伙人,制定出这样一个贡献点,那就有很强烈的"夹带私货"的嫌疑,使得整个机制失去了公平性。

(2) 越是某一岗位职责范围以外的贡献,越要设为贡献点

对于一个岗位分内的事情,如果工资已经基本体现和补偿了他的贡献,还要再赋予贡献值可能就重复计算贡献了。职责范围内又拿固定薪水,又按照计件工资那样领取贡献,这既不公平也大大增加了企业的运营成本。岗位内的职责做不好,没有完成,那是成员去留的问题,而不是是否有贡献的问题。而在岗位职责之外的,合伙人可能需要占用自己的业余时间,付出额外的努力做的贡献,应该被设为贡献点以体现这种额外付出。例如,群蜂社有一个板块叫做"群蜂学堂",运营这个板块是运营团队的职责,而我们做投资的团队为这个板块做了一个课程。这就属于岗位职责以外的贡献,为此,我们把投资团队做了运营的贡献设立了属于投资团队的贡献点。而运营团队做这项工作,就不在贡献点范围之内。

(3) 效果越容易衡量的贡献,越是直接创造价值的贡献,越要设为贡献点

有一些贡献难以衡量,或者衡量起来极其烦琐,没法有效率地衡量。这种贡献就不应该设为贡献点。例如,利用自己的专业知识为公司解决了一个专业问题,就难以量化工作的效果,因此就不适合设为贡献值。设置太多这种类型的贡献点,会增加动态股权分配机制的主观性,增加执行的成本。设置贡献点也要遵循"成本—效益"原则。尽量设定一些能直接带来贡献

的贡献点。比如前面提到的"以群蜂社为案例出版一本书"这个贡献点，我们无法衡量其间接价值，但是我们有另外更直接的贡献点覆盖其间接价值。例如，某个创业者看到此书认识到了群蜂社，将其项目加入该平台，这就直接给公司带来收益，通过"获取项目"这个贡献点可以直接体现。

（4）设立"奖励性"的贡献点，刺激超预期的表现

我们不应该为职责范围内、预期内的表现制定贡献值，每一个岗位都会有一些基本的任务，完成这些任务是预期之内的，公司很可能已经为这些岗位和任务支付了合理的薪水。然而，我们实施股权激励的目标是让团队不仅能够如期完成任务，还应该超预期地完成任务。没能如期完成任务涉及的是这个成员的薪水加减问题或者去留问题，而能否超预期地完成任务才涉及股权奖励的问题。因此，我们可以设置一些"奖励性"的贡献值，刺激和奖励超预期表现。例如，某合伙人负责App的开发，经过团队的讨论和评估，开发至少需要3个月才能完成。而在他的带领下，团队天天加班加点，只用了2个月就完成了，他省下来的预算应该计提一定的比例作为他的"贡献值"。又例如，我们为了激励销售总监超额完成任务，可以在年初就制定一个"奖励性"的贡献点，如果超额完成就赋予其贡献值。

贡献点的要素

要设定一个贡献点我们有以下要素要明确（见图9-2）。

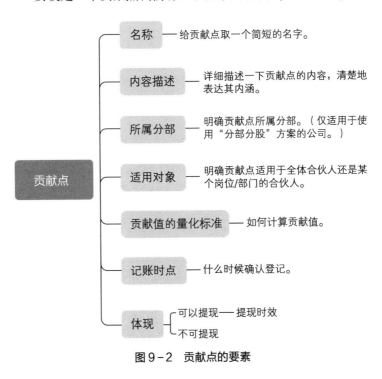

图9-2 贡献点的要素

第九章
贡献点和贡献值

案例 | SugarX 公司（续）

SugarX 公司已经到达了第二个里程碑，产品获得了注册证，可以上市销售了。第三个里程碑是累计获得 1000 万元的销售收入。达到第三个里程碑时，公司将分配公司 200 万的股本。这时候公司邀请了两位有丰富医疗器械销售经验的合伙人王六和曾七加入。公司的合伙人团队开始有了比较明确的分工。

合伙人们着手制定了第三个里程碑的贡献点和贡献值。不同于第一个和第二个里程碑，第三个里程碑的重点是开拓市场，制定贡献点的侧重点也是与市场相关。但开拓市场的同时，也要开始准备下一代产品的研发，以及新产品的储备。他们决定用分部分股的方法对第三个里程碑的 200 万股本进行分配。因为研发的工作比较特殊，关乎公司未来的产品储备和长远利益，因此他们决定把 200 万股中的 50 万股固定划分成一个特殊分部（详见第八章关于股权的纵向切割的内容），让研发部门根据研发工作的特殊性，制定研发贡献点，而这些贡献点就作为分配这 50 万股的依据。其余的 150 万股全员可以参与，不限定部门，是一个通用分部（见图 9-3）。

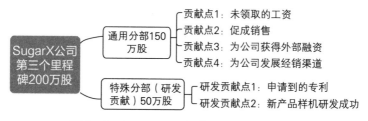

图 9-3　SugarX 公司的特殊分部和通用分部

我以 SugarX 公司通用分部中"促成销售"这个贡献点为例讲述贡献点的要素（见表9-1）。

表9-1 贡献点"促成销售"的要素

贡献点的要素	内容	说明
贡献点名称	促成销售	
贡献点描述	利用自己的努力、自己的人脉关系帮助公司促成销售，获得收入。	
所属分部	普通分部	这个贡献点将用于分配普通分部的150万股
适用对象	全体合伙人	全体合伙人都可以用自己的人脉关系帮助公司促成销售，不仅仅是负责销售的合伙人适用
贡献值计算标准	销售额的5%	
记账时点	收到货款	只要收到货款就应该在贡献值账本上记上一笔贡献值记录
是否可以提现	是	该合伙人被授予该贡献值的时候，他有权选择要钱还是要贡献值。他甚至可以选择一部分要钱，一部分要贡献值。这完全取决于他是否看好公司未来的发展。公司也可以设计完全不可提现的贡献值
提现时限	记账时点1个月内	在记账时点一个月内，被授予贡献值的合伙人应该向团队提出提现意愿。如果没有在规定时限内提出，则默认不提现

创业企业常见的资源型贡献点

合伙人投入的现金

资金是许多初创企业最缺乏的要素。合伙人投入的现金的贡献值计算标准最简单,投入多少就算多少。然而,对于初创企业来讲,合伙人不宜投入过多的现金,刚刚够用就好。如果在公司发展初期,某位特别富有的合伙人投入了大量的公司暂时还不需要的现金,就会导致该合伙人的贡献值被高估,他投入的现金有相当大的一部分应该确认为下一阶段的贡献,而不是当前这个阶段的贡献。我们前面说过,不同阶段的贡献值会对应不一样数量的股权。同样贡献值,投入的阶段越早往往对应越多的股权,合伙人投入现金,满足公司短期的需要即可,投入了过多短期不需要的现金,对投入其他必要生产要素的合伙人不公平。对于投入现金,按需投入是一个很不错的形式,要支付大额费用(比如购买设备、支付工资)时,由合伙人凑一下，即凑即付，付完马上作为其投入的现金记录，也是可以的。这种方式甚至可以做到企业零现金，极大地发挥企业现金的使用效率。这是理想情况，这种情况也很少会出现。现实情况是，大家都恨不得企业有一大笔钱放在那，不用担心公司的现金流会断裂，能够安心地工作。所以对于企业需要多少资金，创始团队需要取得一个平衡，不宜过多也不宜过少。

非执行合伙人投入的现金

非执行合伙人，指不参与日常经营管理的创业合伙人，也可能是兼职参与的创业合伙人。大多数创业团队成员实力有限，项目启动资金往往除了靠自己的有限积蓄外，还得向"3F"融资。所谓"3F"，是英文"Families，Friends，Fools"的缩写，即自己的家人、亲戚和相熟的朋友，以及爱冒险的"支持者"。这些人与富有的"天使投资人"不一样，是非职业投资者，他们凭着对创业团队的信任而投资。许多创业团队都问过我这个问题："朋友拿出自己的积蓄资助我们创业，应该给他们多少股权回报合适？"许多团队把他们当作天使投资人，按照给天使投资机构的价格出让相应的股权。按照现在的惯例和行情，天使投资人投资一个项目的价格在1000万~3000万元不等，也就是说还没有开始创业公司就估值几千万元。这种情况对于这些个人梦想赞助者也许不公平，因为这个项目很可能是他们投资的唯一一个项目，也许他们也不是特别在意，因为他们更多是基于半投资半赞助的出发点。

在动态股权分配机制下，你可以把这类梦想赞助者视为创业合伙人。让他们参与到股权的分配中，量化他们投入的现金也非常容易，直接用现金的价值即可，投入多少算多少，让他们了解你们的规则，回报他们的贡献，公平地对待他们，用一视同仁的标准让他们参与未来股权的分配。虽然出钱不出力，但一样是创业合伙人，一起公平地创业，这种风险收益比和体验感会比你把他们当作天使投资人或者风险投资者好多了。把你们的创业计划告诉你身边的人，会有很多人愿意资助你们，至少我认为比起找一个专业天使投资人要容易得多。用动态股权分配机制来对待这些"3F"梦想投资人，可以解决一个企业的定价问题，在开始创业之前为企业定一个价格不是件容易的事情，这极具主观性。但动态股权分配机制把这个问题往后推了，我们只为其制定了一个定价的原则。动态股权分配机制可以作为初创企业做种子轮融资的机制。需要注意的是，要控制好非执行合伙人的数量以及他们投入的金额，钱刚刚够用就行。在企业发展早期超额的融资都会浪费掉公司宝贵的股权。

最早为公司提供资助的合伙人将在第一次实现里程碑的时候被分配股权，这部分股权大概率会比天使投资人获得的股权比例大很多。随着公司后面的里程碑一个一个地实现，若这之后他们不再资助公司了，他们的股权将会被逐渐地稀释。你需要给他们解释清楚这样的规则，虽然相对的比例被稀释，但是公司的价值增长得更快，综合起来的价值是越来越大的。如果不遵循动态股权分配机制，很可能这名仅提供一次资金的合伙人，和不断地为企业做贡献的合伙人相对的比例是一成不变的，这种静态的安排显然是不公平的。

全职合伙人未领取的工资

初创企业的合伙人往往都不会给自己开一个市场价格的工资，或者按照合伙人以前就职的企业的工资水平领取工资，而是给公司打一个比较大的折扣，称为"创始人折扣"。越是早期的企业"创始人折扣"越大。初创企业往往缺少资金，而且资金本来就是自己投进去的，再以工资的形式领出来，这个"左手摆右手"的流动环节，会让我们损失掉个人所得税。我们创业时千万别忽视了"税"的存在，它对我们的现金流总是"虎视眈眈"。公司刚开始创业，都是合伙人自己"真金白银"投进去的钱，自己给自己发工资，可是，不管你的工资究竟是谁承担，只要是"薪金所得"，都得老老实实地按照《中华人民共和国个人所得税法》缴纳个人所得税。

大部分团队的做法是领取低工资，或者干脆不领取工资，这样做不仅是为了避税，还可以向未来的投资人体现团队的创业心态以及决心，也可以增加公司的利润或者减少公司的亏损，这些都是创业成功的加分项。

那么如何衡量合伙人在创业期间领取的打了折的工资呢？我所接触过的大部分的创业团队都没有专门核算或者记录合伙

人这一块隐性的"牺牲"。其实这一块"牺牲"不但是后续公司融资时溢价的重要理论依据之一，而且还是合伙人之间分配股权比例的重要影响因素。衡量合伙人在这方面做出的牺牲、失去的机会成本，必须先按照市场价给合伙人的投入定一个工资水平。这个问题并不是动态股权分配机制的特殊要求，即使你不采用任何的股权激励措施，你也得面对这个问题。只是在看这本书之前，你们团队商量的是每一个人拿多少的打折工资，而看完这本书，实施动态股权分配机制之后，你们商量的是每一个人"应得"多少工资，这个工资水平应该按照市场的标准来制定。定了这个"应得工资"水平后，下一个问题就是每个人拿多少钱，这个问题其实不是商量定下来的，而是让每个人根据自己的实际情况决定自己领取多少工资。当然，前提是合伙人投入了足够的现金用来开支，那么合伙人未领取的应得的工资就是合伙人做出的贡献。换句话说：团队商量每个合伙人的"应得工资"，具体领取多少由每个人自己来定，未领取的就是"贡献"。

未领取的工资（"创始人折扣"）= 应得工资 − 领取的工资

制定合伙人的应得工资应该考虑"市场价"和合伙人失去的"机会成本"，有些时候"市场价"等于"机会成本"，有些时候则不相等。举个例子来说，我第一次创业前的工作是在四大会计师事务所任职高级审计师，年薪20万元。而我的第一次创业是担任前图库版权图片交易平台的CEO，工作性质和所要求的能力、经验都跟我之前的工作很不一样。这是一次在互联网领域的创业，跟我之前任职的审计工作关系不大，我若按照年薪20万元来定自己的工资水平就是"机会成本"，若按照一个没有互联网公司管理经验的人来定价，我可能只值15万元，得打个折。这个数字很难通过公式算出来，也没有标准可以参照，是团队协商的结果，最终取得一个平衡。思考过程很可能是这样：对于我来说，我一直都拿着20万元的工资，这是我的机会成本，我愿意降低自己的待遇来获得一次新的工作尝试。而对于团队来说，因为我之前的工作经验跟这次创业的技能要求没有直接的联系，因此公司不能按照我之前的工资水平给我，但公司从市场上招人也未必能招到合适的合伙人，那就参照我之前的工资打个折吧，这样可能大家都能接受。

总之，"应得工资"就是考虑职位的"市场价"和合伙人为了创业失去的"机会成本"。在这两者之间权衡，团队协商而定。公司发展好的话，合伙人领取打折工资的状态也许不会持续很久，当公司获得大额的外部融资时，合伙人的工资可能就会按照董事会的议事规则来决定，并且有望足额领取，在这之前应该把合伙人未领取的工资，作为其贡献给予确认和核算。

那下一个问题又来了：是否要核算合伙人的考勤？这完全和公司的文化相关，和是否运用动态股权分配机制没有关系。有一些公司需要打卡，朝九晚六。有一些公司的工作时间则比较灵活。一同创业的团队，在一起办公可以大大提高沟通的效率，合伙人有事缺勤应该按照缺勤的天数来记录。创业最大的好处就是自由，能灵活地安排自己的作息时间，不一定要周一到周五，朝九晚六。创业者主张工作的时候讲究高效饱和，累了效率低时或暂时无事可干，最好主动请假开开心心去玩，放松一下。在打工时，你跟老板说："老板，我今天效率不高，我不想工作，想去放松一下。"老板可能会对你有意见。而创业时，你这么和创业团队说可能不是什么问题，确保创业合伙人的工作时间都是有价值的，实实在在的贡献，对大家才是公平的。你坐在那里发呆，又领取工资，又记录贡献值，那才不公平。当然，如果每个月你总有一个星期的时间都"不想工作，想去放松一下"，而影响到项目的进度，这就不仅是一个贡献值记录的问题，而是其他创业合伙人是否还愿意跟你一起创业的问题，你很可能会被清退。

合伙人投入的物资与设备

创业不容易，创业团队开始时都需要东拼西凑，合伙人为公司提供的资源也是一种贡献。团队中如果有二次创业的合伙人，他们前一次创业所留下来的资产也许这一次创业用得上，最典型的就是电脑、服务器、复印机、调试设备、生产线等二手设备。

这些二手设备有两种方法可以处理：一种是产权转为归公司所有，按照公司的固定资产入账，大家一起协商评估一下其价值，可以在淘宝上做一个询价作为参照标准；另一种是产权不转为公司所有,以租赁的方式使用,大家协商一个租金,定期给提供这些设备的合伙人计算贡献值。每个月的租金水平可以按照二手设备价值除以 24 个月的标准算,视设备的种类而定。电子设备的话,使用两年估计也只剩下残值了。

如果是公司运营所需特定的物资和设备,合伙人为公司特意购买的全新的设备,则视同投入现金。

对于为了使得个人办公更加便利而购买的纸笔、个人电脑、手机等价值太小或者公私难分的物资,建议不要作为贡献点。不创业本来也需要购买这些物品,可以忽略掉,从而减少日常记录的复杂度。

人脉关系

人脉资源在创业过程中很重要,尤其是在营销推广、销售、融资环节。然而人脉是很虚的,也很难量化。我在做投资时,经常发现很多团队有一些非全职的成员持股,这些人被赋予了公司的小部分股权,被认为是有人脉资源的人。我在投资和创业的过程中,也遇见过这些所谓的有人脉资源的"江湖人士",谈吐间总喜欢将"我跟某总很熟!"挂在嘴边,让人感觉到他的人脉很广。实际上也只是认识而已,还称不上很熟。即使很熟,也不见得会为公司带来什么经济利益。人脉在社交信息网络发达、自由市场经济发达、廉政建设逐渐完善的今天,越来越没有过去那么"神通广大"。难道有关系,就可以让不合格的产品获得上市许可?就可以让客户买他不认可的产品?人脉很可能仅仅起到一个牵线的作用，是否能够做成生意还得回归商业的本质。

动态股权分配机制的原则是只有兑现了的价值才是贡献，才有贡献值。没有兑现的人脉关系、社会资源一律不作为贡献。有用的人脉关系、社会资源的价值一定会体现在某一个贡献点上，比如促成订单。许多企业对促成销售的功臣都会提出销售金额的一部分作为奖励，如果某个合伙人利用自己的人脉资源促成了一笔销售，他理应可以获得这部分销售奖励，若他不领取这部分奖励，则可以记为其贡献值。在这里，人脉关系不是贡献点，促成销售才是实实在在的贡献点。而促成销售可能靠的是人脉关系也可能靠的是自己对客户优质耐心的服务。人脉关系没法明码标价，但是促成销售是很容易标价的。

创业前合伙人的知识产权

合伙人在创业前所拥有的知识产权，用在这一次创业中，如何计算他的贡献点以及贡献值？这需要区别对待，知识产权也有许多类别。常见的知识产权有以下几类。

（1）商标权

合伙人把自己拥有的商标转到企业名下。如果这种商标之前没有投入过任何宣传费用，也没有什么知名度，纯粹是省去了公司注册一个全新商标的时间，那么我建议这个贡献值就按照公司要注册一个新的商标所花费的成本即可。注册一个商标一般花费不到 2 000 元,耗时半年到 1 年不等,这段时间对应的利息可以忽略不计。为了简便起见,可以在网上找服务商做一个简单的询价,以确定该合伙人投入的商标的贡献值。

倘若合伙人之前为这个商标投入了很多的宣传,商标也有一定的知名度,这个知名度对公司有很高的价值,那么我建议团队可以一起参照市场价和之前该合伙人为该商标投入的宣传成本,再考虑该商标闲置的时间长短,协商一个购买价格,以这个价格作为该合伙人投入该商标的贡献值。这个金额如果过大,本着轻资产的原则,团队可以以每售卖掉一件产品支付商标使用费的形式来核算贡献值。

(2) 著作权

著作权包括文学、音乐、美术、剧本、软件、影视作品、工程设计图、产品设计图、地图、示意图、模型作品等创作的著作权。著作权有发表权、署名权、修改权、保护作品完整权,这些权利是不能转让的,是作者固有的权利。而著作权的复制权(印刷、复印、翻录等权利)、发行权、出租权、展览权、表演权、放映权、广播权、摄制权、改编权、翻译权、汇编权等是可以转让的。在文创领域进行创业会涉及著作权的转让,例如,某个合伙人向合伙创办的游戏开发公司投入其游戏剧本,某个合伙人向合伙创办的影视公司投入其文学作品的影视版权,某个合伙人向合伙创办的软件公司投入其软件代码以及著作权……衡量这些贡献点的贡献值是非常困难的,因为著作权大多数是唯一的,市场上的交易价格没有可比性,著作是否有价值得放到市场上去检验，很难进行预估。因此，可以按照用销量来提取一定版税的方法来体现贡献。例如，团队利用该合伙人的软件著作权开发的软件每卖出 1 次就给该合伙人交 100 元的版税，如果他不领取该版税，则记为他的贡献值，每个月统计一下销量即可。因此，团队要协商的就是与该合伙人约定一个版税。

（3）专利技术和非专利技术

专利技术是经过专利管理局注册和认可的，处于有效期内的专利所保护的技术，包括发明和实用新型专利。而非专利技术就是没有经过注册和认可的技术，如可口可乐的配方。他们没有去申请过专利，但一直当作商业机密保护着。

某合伙人在参与创业之前拥有一项专利技术，该技术与本次创业密切相关，他把专利技术用于本次创业，把该技术授权给公司使用。这样的贡献点是非常常见的，应该如何确认该合伙人的贡献值是一个比较棘手的问题。

只要大家注册过专利都应该有体会，注册专利时技术的保密性和专利的保护是有矛盾的。为了获得原创性的认证和认可，明确自己保护的范围，更加便于维权，往往需要公开更多的技术细节，而公开技术细节意味着竞争对手可以轻易地模仿。在专利期内竞争对手可能特意绕过你的专利保护，当专利期满，就直接就抄袭你的技术。所以，在实际注册专利的时候，我们都会取得一个平衡，既获得足够的保护，又要留有一手不让竞争对手学去，使得竞争对手看到专利的内容也不知道应该怎么做。大部分有使用价值的技术，其实是专利技术和非专利技术的综合体。

因此，我们要对技术进行区别对待。对于一些转让之后，离开发明人本身是可以轻易实施的技术，转让的价格不宜过高，合伙人可以共同评估一下专利对公司未来能够产生的价值，比如节省了多少成本，或者提高了多少产量，然后再协商一个价格进行转让。而对于一些太多细节没有披露，或者太专业，离开发明人本人就实施不了的技术，不管是专利技术还是非专利技术，都不应该估一个高价进行转让，给以高贡献值。贡献值可能仅限于办理转让授权的登记变更费用。技术的价值其实应该体现在该合伙人的工资水平中，例如，他是掌握了好的技术的合伙人，工资水平应该反映出来。而有的技术转让给公司后，可以独立地实施，不再依赖于该发明人。对于这样的技术，则可以参照市场价格来制定贡献值，但相应的该合伙人的工资水平不应该包含该技术，因为已经被反映过了。

在核算合伙人投入的知识产权时，要以该知识产权发挥价值的时点作为核算的时点。不宜过早地核算确认知识产权的贡献。例如，如果公司的产品还在研发或者报批的阶段，离量产销售的阶段还有一定的时间，合伙人投入商标权的贡献则发挥不了其价值。这个时候不要急着接受商标的转入，很可能这样的贡献点对实现第一个里程碑没有帮助，只在实现第二个里程碑的过程中才用得上，这就应该将该贡献点放在第二个阶段，这样才公平。动态股权分配机制提倡的是"Lean 系统"的

"Just in time"的思想。也就是说，让贡献在需要它的时候才确认，不仅是知识产权，其他的贡献也应该用这样的原则。

关于 Lean 系统

Lean系统是由日本丰田汽车公司的创始人丰田佐吉的儿子丰田喜一郎所提倡的。这是一种"Just in time"即时化的思想，即"将必要的物品，在必要的时候送达生产线旁的制造方法"。提前准备不是即时需要的生产要素被视为一种最大的浪费。即时化和自动化是丰田公司生产体系的两大支柱。丰田公司利用这一生产体系，在成本和质量上取得了明显的竞争优势。

另外要注意的是，初创企业面对的环境是复杂多变的，我们极力提倡动态股权分配机制来适应这种多变性，同样，初创企业在经营和投资策略上也要充分意识到这一点。建议初创企业维持轻资产运作，小步试错，快速迭代。创业团队往往对公司的盈利模式和发展方向预测得过于理想化和乐观，资产投入得太多，当发现当初的判断不对时，已经损失惨重。资产投入得越多，减值的可能性越大，搞不好连翻身的机会都没有。我认为初创团队的资产越轻越好，能借的就不租，能租的就不买。本节探讨的知识产权也一样，知识产权可以要价很高，但其实用价值很难判断，能按照销量支付授权费或者按时间支付授权费的，尽量不要一次买入。

(4)创意和点子

第一个构思出企业创新的商业模式的人、提出创业点子的人是否应该被赋予"贡献值"？这是一个很有争议的话题。在《创新者的窘境》一书中，作者统计证明：现实情况中确实存在创意溢价（Idea Premium），在其他因素不变的前提下，提出创业点子的创始人获得的股权比其他没有提出创业点子的合伙人多10%~15%。这是一个对结果的统计，更多是因为发起创业的合伙人最积极，后面做出的贡献往往最多，并不代表他提出了创业的想法就赋予了他更多的股权。

创意和创新是企业发展的动力，尤其是在一些文化创意行业，创意和好的点子可以创造巨大的价值。如果你真有一个好点子，请不要隐藏起来，因为大多数点子听起来没有什么"窃取"的价值。即便这个想法听起来有"窃取"的价值，会做的人总比会说的少，真正能把伟大的想法付诸行动的人却寥寥无几。在头脑风暴时，某位合伙人想到一个创新点子，除非这位合伙人把它立刻执行和落地，否则不应该把它视为一个贡献点。我们不用浪费时间去讨论"创意""点子"怎么作价，因为再好的创意若没有团队执行落地，也是一文不值的！因此我建议，提出创意和点子不应该作为一个"贡献点"。

办公场所

某位合伙人向公司提供办公场所，当然是一种贡献。可以按照该场所的市场租金计算贡献值，如果收取部分租金，则把差额部分作为贡献值。

兼职合伙人的投入

创业团队一开始越精简越好，没有必要全职的就兼职。例如，创业开发一款 App，全职的可能是产品经理、负责运营推广的人以及几名核心程序员。而公司运营过程中要用到的美工、财务、法律人员都可能是以外包或者兼职合伙人的方式解决。还有不少技术型创业的团队会聘请各种各样的技术顾问合伙人，这些人可能是某个领域的专家，在团队遇到难以攻克的技术难题时，可以起到指点迷津的关键作用。各种有专业技能的合伙人，在企业刚起步的阶段全职加入进来是对资源的浪费，也会增加企业的成本。当企业做大了，业务有一定量的时候，他们的加入就有很重要的意义了。另外一些顾问，比如技术攻关顾问，他们也许一直都是兼职的。还有知名人士、行业泰斗和创业导师，他们为企业"站台"，对企业持续的研发、销售和后续的融资都很有帮助，我们很希望他们成为我们的合伙人。可以先跟兼职合伙人们聊聊，看看怎么体现他们的贡献值，例如，针对每个月的财务会计服务约定一个价格，针对每个季度的法律顾问服务约定一个价格，针对某款产品开发过程中遇到的问题的技术咨询约定一个价格，让他们了解公司的动态股权分配机制，用公司的股权换取他们的服务。

以个人资产为公司担保取得贷款

在公司发展初期需要投入资金，而初创企业一没资产二没信用记录很难获得外部的融资。银行房产抵押贷款是成本最低的融资之一，远比民间借贷便宜。

我经常看到合伙人把自己的私人房子抵押给银行为公司取得流动资金，团队对公司未来的现金流充满信心，认为公司偿还不了贷款的风险极小。因此，他们没有给这名合伙人支付担保费，这其实是不公平的。合伙人承担了公司的违约风险，以私人财产为公司提供担保服务，理应获得一定的报酬，这个未领取的报酬应该转化为贡献，贡献值就可以参照市面上担保公司授权的担保服务费来定，甚至可以按照省下的民间贷款利息来衡量合伙人提供担保的贡献值。

常见的资源型贡献点和贡献值小结

常见的资源型贡献点和贡献值小结见表9-2。可见，资源型的贡献值的计量原则是"现金等价原则"。所谓"现金等价原则"，就是如果没有这位合伙人的投入，从市场中获得该资源或者类似的资源需要花费的成本。统一使用这个原则，比较容易实现不同贡献点计量口径的一致性。

表9-2 常见的资源型贡献点和贡献值小结

贡献点	贡献值计算标准
合伙人投入的现金	现金的金额
非执行合伙人投入的现金	现金的金额
全职合伙人未领取的工资	合伙人工资水平减实际领取的工资
合伙人投入的物资与设备	"购买"或者"租用",参照市价
人脉关系	人脉落实到具体创造价值的业绩贡献点上,由另外的贡献点核算
商标权	没有知名度:注册成本;有一定知名度:参考以前的投入以及闲置的时间,团队协商评估;也可以按照销量计算"商标使用费"
著作权	建议以"版税"的方式计算贡献值
专利技术和非专利技术	能够脱离发明人的技术:评估专利未来给公司带来的价值;脱离不了发明人的技术:不计量,可以体现在该合伙人的工资中
创意和点子	零
办公场所	市场租金水平
兼职合伙人的投入	参考其提供服务的市场价格
以个人的资产为公司担保取得贷款	担保费用的市场价格,或者参照节省下的民间借贷成本

贡献值计量标准的制定是动态股权分配最重要、对分配结果影响最大的工作。许多人会觉得要制定标准,还要持续地记录和微调,增加了很大的工作量。其实仔细看看上面每一项贡献点,我们就算不使用动态股权股权分配机制,不按照贡献值

来分配股权,也得核算价值,并向合伙人支付相对应的对价。难道不使用动态股权分配机制就可以免费占用？只是给提供资源的合伙人精神鼓励？这很明显是不可持续的。在这个环节上,动态股权分配机制没有增加额外的工作量,它只是要求创业团队按照动态股权分配机制的要求去系统地核算和汇总各位合伙人的贡献。

业绩型贡献点

业绩型贡献点与前面列举的资源型贡献点相对应。顾名思义,资源型贡献点体现的是合伙人投入公司的资源,而业绩型贡献点体现合伙人创造的业绩。在公司发展早期,资源型贡献相对比较多,随着公司的发展,业绩型贡献点的比例会逐渐变大。因为资源毕竟有限,难以持续地投入,利用已经投入的资源创造业绩才是公司持续经营的根本。

业绩管理是企业管理一个重要的范畴。业绩管理的用途很多,可以用于公司战略执行情况的分析、查找经营上的问题、查找资源错配的问题、优化人事配置、奖优罚劣等范畴。每家企业多多少少都有业绩管理的标准，只是简单还是系统、零散与统一的区别。作为企业的合伙人，你要有自己的核心指标来评估大家究竟做得如何。我们可以通过设定"业绩型贡献点"把公司的业绩管理与动态股权分配机制打通。

关于 KPI

关于业绩管理的理论很多。我们以 KPI（Key Performance Indicator，主要业绩表现指标）管理体系为例讲述如何利用 KPI 设定一家公司的业绩型贡献点与贡献值。KPI 是通过一系列可以量化的经营指标来衡量经营目标的进度和完成度。KPI 以结果为导向，结果比过程重要，"无论白猫黑猫，抓到老鼠就是好猫"，充分尊重执行人自己的特长和主观能动性。KPI 管理以目标和结果为导向，以量化为评估手段，使得 KPI 天然就适合直接被拿来充当动态股权分配机制的业绩型贡献点。

著名的六西格玛管理理论有一句名言：You got what you measure。意思是制定业绩指标都是立竿见影的。你告诉员工你将怎么评估他的优劣，他就会重点把时间花在迎合你评估的事情上。

制定好的 KPI，有以下值得注意的点。

1) KPI 的制定过程是把组织的目标（或者组织的 KPI）分解为部门或者个人的 KPI，有整体关联性。
2) 有指引性，能够指引部门或者个人的努力方向，让他们在工作中有的放矢。告知他们哪些工作能够给企业带来商业价值,哪些工作可以带来更多的商业价值。

3) KPI 必须可衡量可量化,明确而不含糊,用现在最流行的词汇叫做"可数字化"。

4) KPI 需要矩阵化:合理兼顾长期和短期利益,制定带来即期价值的指标(比如收入)以及滞后带来价值的指标(比如用户增长以及满意度)。

5) KPI 的制定不要仅仅关注一个"平均值"或者"汇总数",需要深入看分部的数值,按照分部制定。比如销售情况,只看全国的平均数是不足够的,如果深入看各个分区,就会发现有一些区域有超常表现,而有一些区域一直表现平平。

6) KPI 要考虑绝对值数量指标,也要考虑相对值质量指标,例如,收入就是一个简单绝对值数量指标,而人效、坪效、ROAS(广告投放产出比)等指标就是相对值质量指标。

7) KPI 应该与公司的业务紧密相关。为了使得 KPI 能发挥激励性、引导性,应由最熟悉公司业务的人来制定 KPI。

把 KPI 与动态股权分配机制打通

KPI 只解决了目标设定以及衡量指标选取问题,对应到动态股权分配机制中就是只解决了贡献点的设定。把 KPI 的执行结果量化为贡献值，就能把 KPI 和动态股权分配机制打通。把 KPI 量化为贡献值要注意，所有的贡献点都要统一口径。如果公司设立了一些资源型的贡献点，而这些资源型贡献点的贡献值计量口径是现金等价的原则，那么业绩型的贡献点贡献值也应当采用同样的原则，才能在同一套机制中进行加减汇总运算。正如在一套会计报表，你不会把以美元为单位的数值与以人民币为单位的数值进行加减汇总计算一样。业绩型贡献点要采用"现金等价"原则，可以假设你设定了一个 KPI，而有个合伙人在这个 KPI 上有出色的表现，你愿意奖励他多少钱。例如，销售人员为公司促成了一笔销售，公司愿意额外奖励他销售额的 2%。为了刺激公司全员营销，每个人做出这个贡献，都可以获得相应的奖金。而如果是被纳入动态股权分配计划的合伙人做出这样的贡献，他就多了一个选择：不要现金，把现金留在公司当做自己投入的贡献，兑换公司的股权。要钱要权，悉听尊便。这也就是贡献点的一个重要要素"是否可以提现"。

贡献点的可提现性：
把奖金和提成制度与股权分配打通

以前，每年的年末我都遇到一个难题：给团队发放年终奖。我们的年终奖没有制定严格的标准，董事会也没有给我标准。

一直以来是我主观决策：平衡协调各方利益，然后提出提案。众所周知，年终奖是税前利润的费用项目，属于工资属性。奖金分得多，留给股东的分红就少。我们的团队中有不少人既是公司的股东又是公司的员工，要平衡员工年终奖诉求和股东的分红诉求不是一件容易的事情。对我来说，尴尬点就在于这是我主观决策，很容易就会让我这个 CEO 陷入"猪八戒照镜子，里外不是人"的窘境。

随着动态股权分配机制的成熟，我发现采用这套机制不仅解决了分配股权的问题，而且还解决了发放年终奖的问题。这是通过贡献点的"可提现性"要素实现的。我们的许多业绩型贡献点都采用了严格的"现金等价"原则量化，与现金可以互换。每到年末时，对于那些被纳入动态股权分配机制的合伙人，我就把发多少奖金的决策交给他们自己。他们可以把一些允许提现的贡献值提取出来作为自己的奖金。可全部提取，可部分提取，也可不提取。已经提现的贡献值就会被扣除，这意味着当公司未来达到里程碑的时候，他们的贡献值少了，可以兑换到的股权就少了。他们少分的股权会被其他合伙人分得。这个逻辑也是合理的，因为一部分人提现了，等于其他股东承担了这部分成本，所以在股权方面得到了补偿。

贡献值的可提现性使得其具有实实在在的现金价值，而不是一个只为了算股权的虚拟值。

有了提现这个选择权，贡献值相当于合伙人对企业的股权投资，用脚投票。当合伙人认为公司的前景不值得投资时，会

第九章
贡献点和贡献值

选择提现；当合伙人看好公司的未来时，则会选择积累贡献值，未来可以转化成公司的股权，公司股权未来值多少钱，就要靠大家一起来创造了。创业和投资是一对"孪生兄弟"，放弃提现，把贡献值转股就是对公司进行的一次投资决策。

提现还是一个体现团队成员归属感和对公司认同感的很好的指标。如果在执行过程中，你发现某位合伙人对贡献值的态度是只要能变现就变现，那你得好好了解一下背后的原因。是因为他确实需要这笔钱来维持和改善生活？还是因为他并不看好公司的未来，有离开的想法？还是他觉得这不是一项值得长期奋斗的事业不值得对未来有太多的期待？如果他对公司的未来不看好，或者没有打算与团队一起走下去，可能在日常经营和人事配置方面就不太适合把他当做一个长期合伙人，而是普通员工。言语不是内心最好的表征，行为才是。尤其是涉及金钱利益的行为，一般不会说谎。

创业企业要根据自己的发展阶段以及公司的现金情况灵活运用贡献值的可提现性。不一定所有贡献点都可以提现，也不一定要把股权机制和奖金机制打通，这两者也可以割裂，把贡献点都设置为不可提现，节省公司的现金开支。一般来说，资源型贡献值不应该可提现，因为资源型贡献值的本来用意就是公司资源匮乏的时候鼓励合伙人投入更多资源，而可提现性则是拿走公司的现金。可提现性一般适用于业绩型贡献点。

对于执行可提现贡献点的公司，还可以设定提现时限，具体如下：(1) 在贡献点确认后一段时间内提现；(2) 年末结算时提现；(3) 达到里程碑，要转股之前提现；(4) 甚至还可以对公司进行保护性的提现安排：在公司现金充裕时才开放提现，避免公司陷入现金流危机。

给提现提前约定一个窗口期很重要，这个有效时间过去了就不能再提现了。这一措施主要是避免一些骑墙现象。在公司看上去还不错的时候，都不提现，而发现公司发展不符合预期时，纷纷要求提现，给公司的情况火上浇油，加快公司失败的速度，让公司扭转局势的可能性降低。

业绩型贡献点的举例

表9-3 业绩型贡献点的举例

贡献点	贡献值计算标准
促成销售	销售额的3%
为公司发展销售渠道	销售渠道第一年销售金额的1%
运营公司的微信公众号	5元/粉丝
发展VIP付费会员	100元/人
为公司获得投资	投资金额的3%
获得一项发明专利	10000元/项
业绩年增长20%	增长部分的2%
……	

贡献点要素：适用对象

有一些贡献点是针对所有人的，没有岗位之分，比如资源型贡献点往往属于这一类。投入现金，未领取的工资，所有合伙人都可以做出这样的贡献。有一些贡献点是为特定的人设置的。例如，针对负责新媒体社群运营的合伙人，我们需要专门设立一个贡献点（这也是激励点），社群人数达到1万，则奖励1万营销贡献值。动态股权分配机制同时也是动态股权激励机制，让每一个岗位都有贡献点可以做贡献，这也是一种公平。打个比方，可能较大的创业团队有负责营销和销售的两名合伙人。负责营销的合伙人负责公关，宣传公司，打造品牌，负责销售的合伙人负责招揽客户。做销售一般都有销售提成，比较轻易设置贡献点，而负责营销则很难直接衡量贡献值，虽然负责营销的合伙人没有直接创造价值，但其间接地创造了价值，很可能公司渠道的建立以及公司的后续融资都有他的功劳。对做出间接贡献的合伙人也应该设立专属的贡献点。贡献值则可以根据一些KPI的实现情况来定,比如销售额的增长率、公司会员数量的增长。因此,有一些贡献点是适用于所有人的,有一些贡献点则适用于特定岗位的人,我们要对贡献点的激励对象进行明确。

贡献点要素:记账时点

所谓记账时点,是指计算并且赋予贡献值的时间点。时间点很重要,因为在里程碑到达那一刻,记账时点在里程碑到达之前的可以参与股权分配,而在里程碑到达之后的,则应参与下一个里程碑的分配。

有一些贡献点的记账时点是非常明确的,例如:投入现金、未领取的工资和销售贡献。但有一些贡献点是很不明确的,持续进行,日积月累。例如,社群经济领域的创业,可能有一个专属于社群运营经理的贡献点,贡献值的计算与社群会员的数量挂钩,比如每个付费会员有50元贡献值,鼓励这名合伙人去扩大付费会员的数量。然而付费会员的增加是一个日积月累的过程，每天可能只增加几个，是不是每天都得计算和记录贡献值呢？这涉及效率问题，但不仅仅是效率问题，还有公平性的问题，付费会员的数量需要一个从量变到质变的过程。从10个会员到20个会员的量变，跟这位合伙人的运营很可能不怎么相关，这并不叫质变，而从100个会员到1000个会员，这就是质的变化了，很可能跟这位合伙人的运营相关。那么，我们可以约定记账的时点：付费会员达到1000个，可计提运营贡献值。

案例：群蜂社的贡献点

下面我们以群蜂社的业务为例，讲述在贡献点的设计中，我们是如何考虑的。

群蜂社主要运营一个基于互联网的非公开投融资平台。平台要对接的主要有两端：一端是资产端，另外一端是资金端。群蜂社的团队负责维护平台的游戏规则。我们的团队只有十几个人，大致可以分为投资团队和运营团队。投资团队的任务主要是发现好资产，运营团队的任务是发展具有风险承受能力以及风险识别能力的投资人会员，我们称之为"蜜圈会员"。团队只有大致的分工，但鼓励每个人多方面地为公司创造价值，投资团队也可以帮助发展会员，运营团队也可以帮助发展项目。实际上投资与运营两者是相辅相成、密不可分的。没有好的资产、没有项目就根本就无法吸引会员注册；没有足够的优质的会员，我们就没有足够的资金投资到好资产。只有两端都持续地同步发展，才能形成"跨边平台效应"，以至于使群蜂社具有竞争壁垒。

经过5年的发展，群蜂社目前的现金流比较健康，我们几乎没有设定任何资源型贡献点，而是以业绩型贡献点为主。群蜂社的动态股权分配机制与奖金机制是完全相通的，是一套多用途的机制。因为我们实施的是全员激励，这意味着任何人都有可能获得公司的股权，都是实质上的"合伙人"，只要做出指定的贡献即可。为了尽快达到第三个里程碑，我们制定了以下的贡献点（见表9-4）。

可见，我们制定的8个业绩型贡献点，都是直接为公司创造收益的。我们认为是否为公司创造收入，就是贡献否有价值的最直接而且最容易衡量的表现。在这些贡献点的制定中有3个特殊规定值得说明，这些特殊规定都是对我们实践过程中出现的一些问题进行及时修订而形成的。

第九章 贡献点和贡献值

表9-4 群峰社的贡献点的举例

贡献点名称	适用对象	内容描述	贡献值量化标准	记账时点	是否可提现	提现时限
1）推荐新的有效投资人	全员	利用自身的人脉资源为平台推荐投资人，并且该投资人进行了投资	注册起2年内，群峰社向该投资人收取的前端管理费收入的1/4	该投资人投资的项目交割之日	可以自愿提现	年末做全年核算时
2）促成投资		一对一地促成投资人的投资	群峰社向该投资人收取的前端管理费收入的1/8	该投资人投资的项目交割之日		
3）项目的募投管退		负责推出社群的投融资项目，负责调研、投资群评讲解与分析、投后管理	群峰社从该项目获得前端管理费收入的20%。如果多人协同完成，则由主管的项目经理分配。 3	项目成功募集，交割之日	如果一个人在一个项目的一个贡献点上获得超过4万的贡献值，超过4万贡献值的部分公司可在其弥补负贡献值后，要求其强制提现 2	
4）成功获取项目		获取好项目	群峰社从该项目获得利润提成的5%	项目成功获利退出，收到回款项之日		
5）为项目寻求利退出的机会		利用个人脉关系或者自己的背书能力，寻求并且促成项目的转让或者回购退出	群峰社从该项目获得利润提成的10%	项目成功获利退出，收到回款项之日		
6）本人成者直系家属参与投资		跟投项目	群峰社获得管理费收入的1/2	项目交割之日		
7）为公司带来其他非投融资项目无关的其他业务净收入		包括：讲课、内容输出、税务筹划、咨询、FA、游学、体验活动等跟投融资项目无关的其他业务净收入	群峰社获得收入的20%	收入取得之日		
8）业绩要求，作为贡献值扣除项 1	投资团队	这是一个门槛值。因为投资团队领取固定的薪水，对业绩有一定的要求，设置一个负贡献点用于抵销上述的累积获得贡献值，只有抵销后的贡献值超过这个贡献点，才是真正的贡献	投资合伙人：-20万/年；投资总监：-15万/年；高级投资经理：-10万/年；投资经理：-5万/年	每月月末	N/A	N/A

负贡献点的含义

在表9-4中，贡献点8是一个特殊的贡献点：负贡献点，作为合伙人取得贡献值的扣除项。这个贡献点适用于我们的投资团队。我们的投资团队可能完全不做平台的运营只做投资，而他们都有一个固定的旱涝保收的薪水。例如，一个投资合伙人如果一年只做成一个项目，那很可能他连自己领取的工资都赚不回来，更谈不上给平台做贡献了。而给他固定回报的工资是默认附带着一个业绩要求的，这个业绩要求与他的工资水平正相关。业绩要求就体现为这里的"负贡献点"。如果达不到这样的业绩要求，也就是说，他所做的贡献不够覆盖这个负贡献点，那他的累计贡献值就是负的，直接的含义就是从公司索取的比贡献的多，至少在一个特定的时间段是这样的。这是一个警示性的指标。我们要避免这样不符合逻辑的极端现象出现，所以，我们引入了"负贡献点"来解决这个矛盾。

关于如何量化这个"负贡献点"，如何利用这个"负贡献点"建立业绩要求，我们进行了一个匡算：假设一个投资合伙人年薪40万元。他的部分时间可能用在了平台建设工作方面，比如培育指导新人、完成组织交给他的任务等，这些工作可能不直接产生增量收入。但我们预期他至少有一半时间是花在发展新项目、给平台带来增量收入的工作上。因此我们设定了20万负贡献值作为他获得贡献值的门槛。如果按照群蜂社的风

第九章
贡献点和贡献值

险投资类项目的管理费标准（一次性收取投资额8%的管理费），以及上述第三个贡献点的标准，这意味着他一年至少要单独完成1250万元（20/0.2/8%），大概相当于3个标准项目。这对于一个合格的项目经理来说，几乎没有难度。如果做不到，不是懒，就是能力有问题。而他又没有其他方面的贡献，一年下来贡献值就是负的，只有达到且超过了这个业绩要求，才有正的贡献值。这完全符合动态股权分配的贡献点的设立原则：激励超预期的表现。持续达不到与工资水平相称的业绩要求，是去还是留的问题，谈不上分不分股权。

通过设立"负贡献点"，还可以把股权用于激励增长。例如，在上一个里程碑中，投资合伙人的年平均投融资金额为1250万，如果按照这个里程碑的贡献点量化标准，对应的就是20万的贡献值。如果把负贡献点的贡献值设定为-20万，就意味着一个投资合伙人起码要创造出比上一个里程碑更好的业绩才算有贡献，否则公司的蛋糕并没有做大。因为只有业绩在增长的公司，价值才会增长。一年做1000万元的生意，两年累计做2000万元的生意，这不叫增长，公司的价值也不会增长。

设置"负贡献值"后就会出现一个问题，如果到达里程碑时真的有合伙人的累计贡献值是负的怎么办？这时候，可以做一个调整，所有人都加上那个负得最多的合伙人贡献值的绝对值，把表现最差的合伙人的贡献值调整为零。其他合伙人就都是正数了，再按照这个贡献值的比例去分配公司的股权即可。也可以把负的贡献值的合伙人剔除，让获得正贡献值的合伙人按照比例分配股权。

防止"惊喜"对激励性的削弱

此外，要防止一些"惊喜"的出现使得一个人获得绝大部分的股权，让机制对其他人失去激励性。我们约定，如果一个人在一个项目的一个贡献点获得超过 4 万的贡献值，超过 4 万贡献值的部分公司可在其弥补负贡献值后，要求其强制提现。在群蜂社的贡献点 3 和 4 中，在一个成功项目的获取以及退出环节，我们一般可以获得比较丰厚的利润分成，而相关贡献人也可能获得很丰厚的利润分成。例如，一个 500 万元的风险投资类项目，如果退出时为投资人赚了 3 倍的回报（这并不少见），投资利润就有 1500 万元。群蜂社一般可以获得 20% 的利润分成奖励，即 300 万元。而按照贡献点 4，获取项目的合伙人可以获得 5%，即 15 万元。按照贡献点 5，利用个人的影响力帮助我们退出的合伙人可以获得 10%，即 30 万元。这个一次性的巨额贡献值可能会导致其他合伙人难以追上，最终分股权的时候大部分的股权都由这两位合伙人占有。项目的成功和退出，存在一些运气成分和偶然性，不代表这个合伙人以后能持续获得这样的佳绩。因此，我们加了一个补丁，如果这个合伙人在单个项目的一个贡献点获得了超过 4 万的贡献值，那他只能选择 4 万作为贡献值在未来进行转股，而超出部分需要作为奖金提现。

细微之处授予裁量权

我们致力于让贡献衡量机制在事前就做到尽量客观、标准清晰、公开透明、一视同仁。但在细微之处总会有覆盖不到的地方。例如，一个项目可能会存在多人协同完成的情况。有人负责谈判投资条款，有人负责访谈，有人负责撰写尽调报告，有人负责讲解项目，有人负责投后汇报……如果再为这些工作细节制定贡献值标准，可能会使得整套机制异常烦琐。复杂的东西总会以牺牲传达率为代价。贡献点传达率不高就会削弱其引导性和激励性。烦琐的机制也常常以打折扣的执行为代价。所以，在细微之处我们会授予成员一些自由裁量权，让项目的主要负责人来按照每个人的贡献主观地分配一下每个人享有的贡献值比例。只要把这种主观的判断限定在小范围，再怎么不公平也不影响整体的客观性。更何况，在这个贡献点上，约束项目主管分配的是团队成员对他的看法。不公道的偏向自己的分配会使得日后其他人都不愿意跟他一起做新的项目，从而使他变得孤立无援。

在实践中不断打磨贡献点

在实施动态股权分配机制的初期，群蜂社每个季度都会对该机制做一些小修订。因为很少有人能够在制定机制的时候就把各种各样的情况都考虑周到，这很正常也是可以预料的。动态股权分配机制本身也是一个动态调整的过程。

在机制实践初期很可能会出现一些无伤大雅的不合理现象。例如，对于贡献值制定，大家会认为明显过高或者过低。这些小问题，不会引起不公平，只要及时做一些小修订即可。而修订之前发生的，就让它继续存在，没有必要追溯调整。机制对大家都是一视同仁的，没有绝对的公平和合理，好运和倒霉也在生活和工作的方方面面伴随着我们，我们避免不了。只要一视同仁，没有双重标准或者多重标准，那就是公平的。

机制可能会出现重大的不合理现象。这种情况并不常见，但在群蜂社也出现过。我们的解决方法是以大局为重，与相关的合伙人沟通协商解决。例如，前面提到的项目的获利退出给我们带来的"惊喜"，就出现了一位合伙人一下子获得十多万贡献值的情况。当这种情况出现时，我与相关的合伙人进行了协商，提议他主动把超过4万的贡献值提现，这样就不至于使得我们的动态股权分配机制失去激励性。在那之前，我们没有超过4万强制提现的约定，所以只能与当事人协商。而该合伙人也很有格局，以大局为重。他也是一个聪明人，只有让大家对我们的事业有积极性，他所持有的股权才有价值，我的提议对他来说也是可以接受的，我们没有让他放弃那部分贡献值，而是换成现金给他回报而已。他最终欣然接受了我的建议，把超过4万的部分提现了，使得我们的机制继续保持激励性。然后我们就及时打了补丁，把这个建议作为一个约定，并在合伙人中取得了共识。可见,动态股权分配机制虽然是一个"狼性"的机制,但不是一个冷血无情而且僵硬的机制。

我们的机制在执行了一年之后,要修订的地方越来越少,慢慢定型,只是偶尔根据业务开展需要进行贡献点的删减。

贡献点的设置繁简由人

本书第 1 版面世后,有读者向我反映:"这套机制太复杂,要精准量化贡献点很花时间和精力。不是每个人都有这样的能力去设计和实施。如果驾驭不了,可能会弄巧成拙,适得其反。"确实,要落实一套行之有效的股权机制需要有一定的驾驭能力。然而,贡献点的设置和量化可以做得很详尽复杂,面面俱到,尽善尽美,也可以做得极端简单。虽然贡献点和贡献值的设定很大程度上会影响最终结果,但这套机制的精髓并不在于你是否能仿照我像游戏编程一样设定业绩型贡献点。精确客观地反映贡献不是采用动态股权分配机制唯一的做法。如何界定贡献点,如何量化贡献点使其成为分配股权的依据,创业者尽可以根据自己企业的情况以及团队成员的个性发挥创意。不要拘泥于书中的举例，繁简由人。

在现实中，许多企业在做股权激励时，不见得有这么理性客观的量化和计算。你完全可以这样做：当公司到达里程碑时，为了确定每个合伙人的贡献，由公司的核心创始合伙人，也许就是你，根据自己的主观感觉，给每个人划分一个比例。按照这个比例分配股权。这也是贡献点的量化方法。只要满足动态股权分配的完整框架，按里程碑设置、动态调整、论功行赏的思想，一样是"动态股权分配机制"。只是这个方法，最终导致的结果是大家都想方设法地讨好你。讨好你除了让你感知到他们给公司带去价值外，还可能有其他方法，比如多花点时间跟你喝酒、吃饭、打球，加深私人感情。但这些很可能不会给公司带去价值，无益于把公司的蛋糕做大，使得所分配的股权更有价值。

如果你不想显得这么"独裁"，想做得更民主一点，你还可以这样做：达到里程碑后，让每位合伙人对其他合伙人的表现进行匿名打分，去掉一个最高分，去掉一个最低分，然后取一个平均分。最后，按照这个得分的比例分配股权。这样也省却了制定贡献点、量化贡献点、持续记录贡献值的烦琐工作量。你只需要在达到里程碑那一刻执行一个相互打分的程序即可。当然，这样来评估"贡献"，那团队成员平时就得经营人际关系。专心埋头苦干的人，可能最终为精于"搞政治"的人做了"嫁衣"。

你怎么制定贡献点，怎么量化你的贡献点，充分提现了企

第九章
贡献点和贡献值

业的价值观，团队就会做出怎样的贡献。不管你想客观点还是主观点，用"人治"还是用"法治"，精确点还是模糊点，在你制定贡献点和贡献值的时候，一定要记住这一点：你所激励的即你将得到的。群蜂社的贡献点设置思路就体现了我们数据化和精细化的管理思维。这意味着讨好我或讨好任何人都没有用，只有在列出的那几个贡献点上做贡献，你才能分享到创业的成果。而且，我肯定只要每个人都在那几个点上努力，为了多分到股权相互竞争地做贡献，公司的股权一定更有价值。

第十章

回 购

好的股权激励机制，我建议都要设置回购条款。股权要能放也能收，是动态股权分配机制体现"动态"的精髓特征之一。因此对于动态股权分配机制，必须设置一个公司对股权的回购条款，否则公司可能会有很多持有大量股权的缺位持股人，即持有公司的股权但未来不会再为公司做贡献的人。缺位持股人占有公司的股权越多，对公司后期的发展越不利。听起来有点像"过桥抽板"的感觉，但实际上动态股权分配机制主张的回购条款体现了公平性，不仅保护公司的整体利益，也保护了退出的合伙人的利益，回购意味着他们可以获得现金收益。

我在初次创业中遇到过两次需要回购创业伙伴股权的窘境，一次进行了妥善的处理，另外一次则让公司停滞不前，以至于错过了发展时机，最终导致创业失败。我的切身教训告诉我约定回购安排，建立一个能放能收的股权机制至关重要，可规避日后可能出现的股权困境。

第十章 回购

转股时的"二次把关"

合伙合股都是很严肃的事情，挑选一个终身事业合伙人的重要性可能仅次于挑选配偶。占股比例越大的合伙人越是这样，所以我建议挑选合伙人要有两次把关。

前面讲到设计动态股权分配机制的第一步就是明确合伙人（合伙人在本书中特指被纳入"动态股权分配机制"被激励的人）的范畴。这是对合伙人人选的第一次把关，而转股时还可以设置"二次把关"。

如果设置合伙人范畴的时候采用了宽松的标准，那么转股时的二次把关就要严格一些。反之，如果前者标准很严格，后者就可以宽松一些。以群蜂社为例，因为我们的动态股权分配机制不仅仅用于分配股权，还用于计算奖金。两者是打通的，所以是全员激励。但一定不是全员都可以成为公司的合伙人，所以我们有较严格的二次把关。对于一些人来说，这可能不是一个动态"股权"分配机制，而仅仅是一个动态计算"奖金"的制度，可能他们是不会被马上授予股权的。

我们并不希望回购行为经常出现。我们追求的目标是：股权分配给对公司长期有价值的人。所以，在进行股权分配时，我们的二次把关可以降低日后回购情况出现的概率。

如果你采用的是精细化的方式计算贡献值，那有可能会有一些问题出现。例如，有可能有一位合伙人在里程碑达到之前一个月加入，他做出了贡献并获得一小笔贡献值。按照机制他应该获得股权分配，但可能只能分到几十股，占公司总股本的比例很小。我们可以把这个股权理解为"碎股"，这个"碎股"对他来说没有什么激励作用。他虽然对团队很重要，团队成员都愿意将他作为"合伙人"纳入动态股权分配机制。但他毕竟只加入了公司一个月的时间，忠诚度和能力还没有充分展现，如果此时赋予他这些碎股，可能会增加现在的赋予手续与未来的回购手续。又例如，有个合伙人虽然获得了可观的贡献值，但其已经有非常明显的意向会离开团队，放弃继续创业，大家一致认为未来其对公司的作用不大，那么赋予他股权就是在浪费公司珍贵的股权资源。

鉴于这些小问题的出现，可以考虑赋予核心合伙人或者几名已持有股权最多的合伙人在转股时的再次确认权，对转股进行二次把关。他们有权拒绝某个合伙人的贡献值转股，而是以现金奖励代替。比如上述的"碎股"的情况，在转股确认时就可以不予以转股，用现金奖励其贡献或者把贡献值结转到下一个里程碑。又比如上述明显要离职的合伙人，可改用现金奖励。股权关系是长久的，金钱关系是一次性的。在建立股权关系前，首先你选择我，然后我也要选择你。这非常公平。

再严谨的法律条文也会给予法官"酌情权"，谁说法治和人治不能兼得与融合？法律的条文是无情的，但加入人的酌情权，使其更能够适应复杂的社会。动态股权分配机制如何论功行赏，如何得出分配结果，是计算还是人为判定都无所谓，精髓在于"动态"不在于分配方式。我主张以精准计算为基础，在此基础上辅以一些人为的判断、干预和调剂，这样不但不影响"动态"的精髓，反而使其更切合实际、更具操作性。

案例 | **群蜂社对贡献值转为股权的二次把关**

当公司到达分配股权的里程碑时，公司董事会会进行二次审核，出现以下情况，公司有权对贡献值做出不予转股的决定：

- 被激励人加入公司年限过短，尚需要更长时间观察确认其是否适合持股。
- 被激励人的贡献值过少，换股后低于1万股（每1元注册资本为1股）。
- 被激励人明显不认可公司的文化、无法融入团队、不认可公司未来的价值。
- 被激励人出现一些可能违反《群蜂社职业准则》的行为，有待调查。
- 被激励人可能做出了一些损毁群蜂社声誉的行为，有待调查。

《公司法》没有赋予公司回收股权的权力

为什么要设置公司对股权回购的条款？因为《公司法》没有赋予公司权力剥夺股东的股权、清退股东。股东持有公司股权的权利是受到公司的章程以及《公司法》的严格保护的。因此，如果公司赋予合伙人股权的时候没有约定公司的回购权，那就只能友好地协商了。

我第一次创业与合伙人拆伙的时候，采用了"竞价法"。说白了，就是大家以"拍卖"的方式给公司股权的价值报价。如果最终我出价比对方高，那我就按照这个价格把对方的股权买了；如果对方出价比我高，那他就按照他出的价格把我的股权买了。价高者得，公司的股权归于最认可其价值的人，很符合市场化的原则。那一次我收回了公司的股权，再次组建了错误的团队，当需要再次拆伙时，我提出了同样的方法，却遭到了拒绝。那位合伙人认为这不公平，因为这家公司放在他手上，他也根本做不起来，他志不在此，要来没用。所以他不同意，而是开出了一个价格。但这个价格远超我的承受范围。所以，双方一直没有就价格达成协议，僵在那里，直到创业失败。相当多的创业者有过类似的教训，这样的案例并不少见。

案例｜家政 O2O 公司

我将关于动态股权分配机制的文章发到朋友圈后，有一个朋友专门向我咨询他们团队出现的问题。为了方便叙述，我暂且把他称为甲，他们的创业项目是家政 O2O，为用户解决找阿姨找钟点工难的痛点，这是甲第一次创业，一共有 4 名合伙人，甲是发起创始人、CEO 兼产品经理，占股 55%，其他 3 名合伙人乙、丙、丁各占 15%，分别负责推广运营、技术开发和财务融资。4 个人按照比例投入了 100 万元。公司系统开发完成后，开始在深圳的一个区进行小范围推广，因为公司基本不赚差价，精心选择负责任的阿姨，所以订单开始逐渐增多。前期推广没有毛利，公司当然就不赚钱，还在亏损期。但负责推广运营的合伙人乙一直以来跟创始人甲的经营理念不一致，他主张较激进的营销策略，利用补贴做数据，并且要求甲把工作重点放在找投资人方面，而甲和其他团队成员都不认可他的想法。因为自己的主张得不到采纳，所以乙就消极怠工，应付式地完成任务。甲找他谈了几次，但是作用都不大。于是甲和其他两人开始认真地协商让乙退伙的方案。甲、丙、丁提出公司原价回购乙的股权，希望他退出团队，3 个人都认为这是一个最好的解决方案。出乎意料的是，乙要求以 3 倍的价格回购！

乙给出的理由是"公司目前的价值已经发生了变化，不可能按照原值回购"。

其他3名合伙人都被惊呆了，觉得乙非常不讲道理："公司每个月都在亏钱，净值比原来投入的成本还要低，怎么可能还升值了？总不能把我们当作'风险投资机构'来忽悠吧？况且你一直消极怠工，贡献有限，我们都不得不额外做了你的工作。就算公司升值了，跟你的关系也不大吧。"

乙反驳道："公司有一定的流量和用户，如果对外融资开价都不低于1 000万元，我们投入100万元，溢价至少10倍，我获得3倍只是体现了我冒的风险。"

3名合伙人："如果你觉得公司目前值300万元，那行，按照这个价格回购我们3个人的股权好了，还可以给你打个折，作价200万元。"

合伙人乙："要买我股权的是你们，我没有说过要买你们的股权。我可以离职，单纯做公司的股东。"

乙确实有点过分，有点赖着不走、要坐顺风车、坐享其他人以后的创业成果的感觉。但他确实有这样的权利，公司还真的拿他没有任何办法，最终，公司不欢而散，乙按照比例拿回了剩余的现金，当然远远低于他原来投入的15万元。乙是一个不理性的人，他希望赚一笔退出，结果是亏了钱退出，不仅自己损失了还使得别人的创业以亏损结束。他理所当然地也被其他3名合伙人列入了"黑名单"。

第十章
回 购

像乙这样的人，在现实生活中还真不少，谁都有可能看错人。动态股权分配机制是一套与整个创业团队分享公司股权的机制，执行的时间越久，获得股权的人可能就越多，可能每个人获得的股权不多，但人数多，甚至会达到几十个，没有回购股权的机制很可能就会导致这样的结果，这是致命的。

看人最难，谁也无法保证看人看得准。我们经常见到一些能说会道的人，嘴里挂着自己可以怎样为公司做贡献……让团队对其充满期待。有些人言过其实，有些人确实有这样的能力，但不愿意跟你成为战友。有时候也许不是人品和能力的问题，而是大家的发展理念、做事方式真的不一致，很难一起共事。

设置公司回购股权的条款，约定以什么样的价格回购股权，可以避免日后公司陷入股权僵局。我在投资过程中也见过不少这样的创业案例，因为股东之间产生纷争而使公司陷入僵局。股权清晰是上市的必要条件，股权有纷争是公司上市的重大障碍。

合伙人要求公司回购股权的权利

我们现在转换一个角度。既然公司没有权利回购股东的股权，只能协商一个价格回购。如果合伙人不想持有公司的股权了，想套现，有没有权利要求公司把自己的股权买回去？一般情况下是没有的。作为一家公司的股东，不管是投资入股，还是被赋予股权，股东的身份都是一样的。持有一家公司的股权就是一个与其他股东一起共担公司发展命运的承诺。除非有特殊约定，股东是没有权利要求公司和其他股东购买你的股权，或者给你退股，让你提前实现退出的。

但公司法为了保护小股东的利益，避免大股东滥用自己控制权损害小股东的利益，也开了一些口，可以让股东退股。《公司法》规定，有以下情形之一的，对股东会该项决议投反对票的股东可以请求公司按照合理的价格收购其股权。

（1）公司满足了分红条件，但连续5年不向股东分配利润

这一点很容易理解。如果公司运营得好，赚了钱，内部股东可能在公司任职，获得各项报酬，但小股东或者外部股东就

指望着这个分红。公司赚了钱一直不分红,小股东相当于投对公司了也没有任何的投资回报。这不符合合股的精神。

(2) 公司合并、分立以及转让主要资产

这很重要,可以避免公司大股东掏空公司,金蝉脱壳,把核心的有价值的资产转移走。公司与其他公司的合并、分立,或者转移主要资产都会对公司的股权价值产生重大的影响。这种决策一般需要代表2/3股权的股东同意才可以实施,而不同意这个安排的小股东可以要求公司回购股权,保护自己的权益,免得最后自己持股的公司就剩下一个壳,股权名存实亡。

(3) 公司章程规定的营业期限届满或者其他解散事由出现,股东会会议通过决议修改章程使公司存续的

股东投资入股一家公司,承诺跟其他股东一起合股,也是有时限的。而这个时限在公司章程中有明确记载。时限一到或者章程中载明要清算的条件出现了,公司应该进行清算,把公司的剩余价值分配给各方股东。如果不清算,继续经营,就应该让原来的股东有重新选择的权利。不愿意继续参与的,公司需要收购其股权。

出现上述情况,公司如果与要求回购的小股东达成协议,回购股权,那么就支付该小股东股权回购的款项,申请减少回购部分的注册资本。如果双方达不成协议,股东可以自股东会会议决议通过之日起90日内向人民法院提起诉讼。

既然公司相关法规并没有赋予股东要求公司回购股权的权利,那我们在动态股权激励计划中是否可以赋予获得股权的股

东这个权利,以增加股权的激励性?我不建议这样做,虽然公司对股权价值进行"兜底"增加了股权的激励性,但这会大大增加公司的现金流风险。当公司在创业试错的路上遇到挫折时,持有公司股权的合伙人同时要求公司回购自己的股权,很可能会给公司带来现金流危机,加速公司的死亡,到头来所有人都得不偿失。在动态股权分配机制下,股权是一项奖励,千万不能把奖励出去的股权变成了公司的"或有负债"。

回购权的设计

可见,《公司法》默认公司无权强制回购股东的股权,股东也无权要求公司回购自己持有的股权。我们需要对回购权进行设计和约定。回购权是一种期权。要设计这个权利就需要明确约定期权的要素:行权人、行权条件、时效、行权价格。

案例 | 群蜂社第三里程碑的股权回购设计

当我们谈到回购权时,主要是指公司回购已经授出去的股权的权利。群蜂社给团队成员授予股权时有明确的约定,公司有回购权,而且主要是针对退出创业的合伙人。

权利归属人

权利归属于公司或者公司指定的主体或者人。

回购权成立的条件

回购权成立需要具备以下条件之一:

(1) 该合伙人在群蜂社任职不满 4 年而主动辞职。

在创业的漫漫长路中,总有一些合伙人有各种各样的原因坚持不下来。例如,生活压力所迫不能再冒险,不看好公司的未来,不认同创始人的理念,公司调整了方向觉得自己无用武之地,有更好的创业机会,等等。

我见过许多初创团队的股权激励机制都没有约定合伙人离开时如何回购股权。这是大家都很容易忽视的一点,正如大多数人结婚时总认为自己的婚姻会白头偕老、永结同心而不会考虑离婚及分家产的事情。在这里我得再次提醒各位创业者,创业过程中创业团队成员离去的概率远高于离婚率,必须想好"离婚分产"的问题。

(2) 该合伙人被辞退。

我们在第五章中提到公司可以建立清退合伙人的机制。合伙人被辞退很可能是因为能力不能胜任、理念与其他合伙人不合、失去创业的信念以及严重损害公司的利益等。在这些情况下他未来为公司做出更多贡献的可能性是极小的。

(3) 在职期间或者离职后,做出损害群蜂社的事情。

例如，诋毁以及负面宣传群蜂社以及团队成员，从事与群蜂社有同业竞争关系的业务。

一个理性的人，如果持有一家公司的股权，一般是不会主动损害这家公司的利益的。这是一条保护性的条款。

回购权的时效

在回购条款成立后的2年内。

初创企业往往现金流比较匮乏，经营不稳定，所以给予公司一定的回购时效，允许公司选择现金流充沛的时候执行回购权。如果在这个期限内公司不行使其回购权，则回购权失效。失效后如果再想回购股权，则需要双方协商了。

回购的价格

关于回购的价格，我们有很多标准和方案可以采用：

（1）可以按照转股时对应的贡献值或者是贡献值的一定比例。例如，转股时贡献值的9折、1.3倍，或者按照贡献值标准，每年上浮20%体现时间的价值。

（2）公司净资产的一定比例，比如净资产的1.5倍。

（3）按公司上一次对外融资的估值打一个折扣。

上述几个标准选择最低或者最高价格作为回购价格。

还可以做得精准复杂点，按照不同的退出情况设定不同的价格。例如，主动辞职和被辞退的情况，回购价格就不一样。前者要比后者的价格高，体现被辞退的惩罚性。

第十章 回购

对未转股的贡献值的处理

一个里程碑的到达可能持续 1~2 年的时间,在此期间可能存在合伙人离职时还有未转股的贡献值的情况。这些贡献值应该怎么处理呢?

案例 | 群蜂社第三个里程碑对未转股贡献值的处理

对于被辞退的合伙人,其未转股的贡献值无须回购,自动作废。

对于辞职的合伙人,公司有权利在达到下一个里程碑转股之前回购。

权利归属人

权利归属于公司或者公司指定的主体或者人。

回购权成立的条件

合伙人辞职退出创业。

回购权的时效

如果公司在达到下一个里程碑之前公司仍未行使回购权，则正常转股。转股后，公司在转股后的两年具有股权的回购权。股权回购的价格参照股权回购的具体条款。

回购价格

按照可提现贡献值的金额回购，即 10000 贡献值回购价格为 10000 元人民币，不可提现的贡献值自动作废。

如果贡献值分为可提现的贡献值和不可提现的贡献值，那就可以约定只对可提现的贡献值设定回购，对于不可提现的贡献值，无须回购自动作废。还可以按照贡献值的一定的比例计价，甚至不同贡献点的贡献值适用不同的比例。

行使回购权的考量

合伙人离职，一定要回购其股权吗？这和企业的组织理念有很大的关系。传统的组织模式是"公司+雇员"的关系。劳动合同关系解除了，员工就会离开公司，就跟公司没有什么关系了。所以股权留在那意义也不大，不如行使回购权回购股权，分配给对公司更有价值的人。但新型的组织模式不是"公司+雇员"的关系，而是"平台+个人"的关系。公司就是一个小平台，为股东、员工、供应商、客户等持份者在这个平台上发展自己、获得利益提供机会，对于离职的员工，不一定要回购其所获得的股权。如果动态股权分配机制能有让不用给他付工资的人也惦记着公司，时刻想着把自己身边的资源都导向公司，总找机会体现一下自己的股东身份给公司输送一些利益，那岂不是我们想要通过股权实现的效果？

公司是否要执行回购权回购股权应该要综合考虑。在以下情况中，我不建议对离职的合伙人的股权进行回购：

- 为公司做出的贡献重大，对公司有深远的影响。
- 取得股权前为公司服务的年限足够长，在职期间一直兢兢业业。
- 离职前做好工作交接，培养好了接班人，使得公司的发展没有受到延误和影响。
- 虽然离开公司，但未来仍然可以为公司带来潜在的价值，成为公司的顾问。
- 能尽股东的责任和义务，给公司带来资源，提高公司的价值。
- 该合伙人是因为公司发展到一个新的阶段，或者公司进行了迭代转型，留在公司对公司的价值不大而选择功成身退。天下无不散的宴席，要求一个人要一辈子绑定在公司是不切实际的，也不一定是好事。公司保持一定的流动性，让老员工主动离去，腾出发展空间，让新人有施展的舞台，保持公司的新陈代谢更有助于公司的健康发展。

是否回购离职合伙人的股权，不应该以回购价格远低于股权的市场价值为理由，回购应以能够使得公司和现在的合伙人得益为由。只是因为价格原因就执行回购权，就滥用了回购权。这会让参与动态股权分配机制的合伙人失去转股的积极性，大大削弱股权对在职合伙人的激励性。股权的意义在于可以让获得者产生持久的被动收入，如果工作才有股权，离职股权就被收回，这就使得这个股权是主动收入而不是被动收入。

公司保留一个一定期限的回购权，是一种防御性的行为。在合伙人离职后给予公司对他的一个观察期，如果发生以下情况，公司应该执行回购权回购股权：

- 在职期间并没有为公司做出显著的贡献，而在观察期内也没有为公司提供价值。
- 在观察期内该合伙人从事与公司有竞争关系的业务。
- 在观察期内该合伙人做出有损公司利益的事情。

第十章 回购

设定股权成熟等待期

动态股权分配机制以"里程碑"为股权分配的时间点,可能会出现一个问题。一个刚刚加入公司没多久的合伙人因为做了一项贡献被授予了股权,但他对公司的忠诚度和价值尚没有被充分验证。这种情况下授予股权,可能会增加回购的概率。我们可以设定一个股权成熟等待期,在股权等待期内股权暂时以"虚拟股"或者"代持股"的形式赋予。"虚拟股"和"代持股"相比"实股"最大的区别是只享有"收益权"但是不享有"投票权",这使得"回购机制"更容易执行。

案例 | **SugarX 公司的股权成熟等待期**

当公司达到里程碑时,若合伙人在被授予股权时加入公司已经满 3 年,则应赋予其完整的股权。若合伙人被赋予股权时加入 SugarX 公司未满 3 年,则暂时以代持方式持有被分配的股权。该合伙人只具有股权对应的收益权,不具有股权的其他权利("虚拟股")。公司有权在赋予股权后 2 年内回购其权利。

待该合伙人任职满 3 年时，再赋予其完整股权（"实股"），自行持有。

若该合伙人被授予了"虚拟股"，而在成熟等待期未满就离职了，而公司在回购期内也没有行使回购权回购其"虚拟股"，那他就一直持有这部分"虚拟股"，享有相应的收益权。

第十一章

机制的润滑剂：附属条款

每家企业的业务模式、每个团队的文化价值观都是独一无二的，因此动态股权分配机制的设计也应该是高度个性化的，因地制宜。个性化除了体现在制定持股架构、里程碑、贡献点和贡献值方面，还体现在一些本章所讲的贡献值转为股权之后的附属条款上。这些条款对于一些企业不是必要的，我建议大家慎重考虑是否采用。如果我把整套机制比作一台设计精良的机器，那这些条款就相当于这台机器的润滑剂，可以让这台机器运行得更流畅，保养得更好。

禁止同业竞争约定

禁止同业竞争的约定，在法律上称为"同业禁止""竞业禁止""竞业回避""竞业避让"，是用人单位对员工采取的以保护其商业秘密为目的的一种法律措施，是根据法律规定或双方约定，在劳动关系存续期间或劳动关系结束后的一定时期内，限制并禁止员工在本单位任职期间同时兼职于业务竞争单位,以及员工在离职后从事与本单位竞争的业务,包括不得在生产同类产品或经营同类业务且有竞争关系或其他利害关系的其他业务单位任职,不得到生产同类产品或经营同类业务且具有竞争关系的其他用人单位兼职或任职,也不得自己生产与原单位有竞争关系的同类产品或经营同类业务。

《公司法》有规定,公司的董事、高级管理人员不得有同业禁止行为。但获得股权分配的合伙人不一定就是公司的董事、高级管理人员,《公司法》并没有要求"股东"也要遵守竞业禁止规定。

获得股权激励的人成为公司的竞争对手是一件不能容忍的事。公司法赋予全体股东对于公司内部事项和账务的知情权,你总不希望公司的竞争对手对公司内部的事项了如指掌吧。因此,我们可以在公司章程以及动态股权分配机制中明确约定股东需要遵守竞业禁止(限制)条款,如果合伙人离职后仍持有公司的股权,则需要遵守同业竞争条款。

一般情况下,一个较为完善的离职合伙人同业竞争禁止条款除了包含一般性的内容外,还应当包括以下内容:

1) 限制的范围,即应在哪些地域内,就哪些产品或者服务等承担同业竞争禁止义务。
2) 限制的方式,即义务人不得以何种方式进行同业经营。如本人及关联公司不得采取直接或间接销售、不得通过第三人直接或间接销售等。

3）兜底性条款，为了避免限制方式列举的不完整性而出现争议，应当加上诸如"其他义务人能够知悉或者控制的同业竞争情形，均适用本条款予以禁止"的条款。

4）承担义务的期限或义务终止的情形，明确股东同业竞争禁止条款的失效事由及有效时间范围。

5）违反的后果，以方便违反同业竞争禁止义务的情形出现后确定赔偿数额和赔偿形式，如对违约造成的损失全额赔偿、违约金的支付等。

做出上述安排后，如果合伙人离职了要从事与公司有竞争关系的业务，那他必须退掉公司的股权或者卖给其他的合伙人。

股权的转让限制

一个完整的股权在《公司法》下是可以转让的。根据法律主体的不同，股权的转让有不同的规定。

大多数初创企业是有限责任公司，如果股东转让自己的股权，在同样的条件（主要指价格）下，其他现有老股东有按照其持股比例优先受让的权利。如果老股东不购买，则股权可以转让给外部第三方。如果是股份有限公司的股权，则可以自由转让，老股东没有优先购买权。有限责任公司和股份有限公司对股东股权转让的不同限制体现了两种法律形式下股东关系的差异。有限责任公司是"人合"与"资合"的法律关系，而股份有限公司是"资合"的法律关系。

如果被授予的股权装在了一个有限合伙企业中，那转让股权是通过转让有限合伙企业的份额的形式间接实现的。被授予股权的合伙人一般会成为这个合伙企业的有限合伙人（LP），而不是普通合伙人（GP）。除合伙协议另有约定外，有限合伙人对合伙人以外的人转让有限合伙企业的份额，应当提前30日通知其他合伙人。在同等条件下，其他合伙人有优先购买权。

以上就是相关法律法规约定的默认的转让限制。当然，我们还可以做一些特殊的约定，但记住那个原则：对授予出去的股权限制越大，激励性就越弱。所以，我们也要取得一个平衡，不必做一些不合理的限制。流动性的好与坏，也与一项资产的价值密切相关。在我的估值模型中，一项有流动性的股权和缺乏流动性的股权价值可以相差20%甚至以上。

案例 | SugarX 公司的股权转让限制

SugarX 公司达到里程碑赋予合伙人股权时，规定公司在合伙人离职后的1年内有回购其所持有的全部或者部分股权的权利，同时也规定如果被赋予股权时该合伙人工作未满3年，则股权进入成熟等待期，股权被代持，只有收益权。等到合伙人工作满 3 年时再转为完整股权。在各种情况下，对股权的转让做以下限制（见表 11-1）。

表 11-1 股权转让限制

股权所在期间	对合伙人转让	对非合伙人转让
完整股权	允许	允许
在成熟等待期内，股权被代持	允许	不允许
股权在公司可回购期内	允许	不允许

如果合伙人把股权转让给其他合伙人，则视同受让股权的合伙人从一开始就被授予了受让的股权，根据"属人的原则"，成熟等待期以及可回购期等从属于受让的合伙人。

例如，合伙人曾六获得股权时只工作了 2 年，未满 3 年，那他获得的股权就在成熟等待期，这时候合伙人曾六不能对外转让其股权，但可以对另外一个合伙人陈五转让。如果陈五受让的时候已经在公司工作满 3 年了，那陈五受让的曾六的股权就立即变为完整股权。这样做的好处是，让股权进一步归集在现有的、看好公司股权价值的合伙人的手中。

再例如，合伙人曾六有股权 1 万股是完整的股权，他因为家庭原因辞去公司的职务，公司的回购权立即生效，公司有权在他离职后的 1 年内按照约定的价格回购他的股权。他的股权就变为限制转让股权。他只能对内转让，而不能对外转让。这时他把股权转让给了另外一个合伙人陈五。因为陈五是公司在职的合伙人，因此在陈五手上的这部分股权也是完整股权。

第十一章
机制的润滑剂：附属条款

避免对外出售影响公司市值

通常对于一些已经获得外部融资的公司来说，外部财务投资者股东获得股权的成本要远大于动态股权激励机制下获得股权的成本。如果不对动态股权激励机制下获得的股权转让做一定的限制，就会影响公司的市值管理，损害外部股东的利益。例如，在动态股权激励机制下，ABC公司的合伙人获得股权的成本为5元/股，而外部投资者获得公司股权的成本为50元/股。（这种情况是经常发生的。）如果允许合伙人获得股权之后马上就可以对外转让，那很可能定价30元/股他也愿意，因为这对他来说是巨大的回报。一家公司的市值是由"边际交易价格"决定的。所谓"边际交易价格"，就是最新的一笔交易价格。我们常说的腾讯的市值1万亿美元，就是按照最新成交的股票交易价格乘以其存量的股票数量来计算的。如果我们允许内部的股权激励池与外部流通股权相互打通，这会产生几个结果：①公司的市值混乱，很可能会大幅度缩水，使得外部投资人很不满；②获得股权激励的合伙人获得巨大利益，公司的股权激励效果暴增，充分体现了股权的价值；③会有一些合伙人在公司尚未成功，还需要借助外部资本力量支持发展的时候，提前套现离场。所以公司有必要对"内部市场"和"外部市场"进行区分和隔离，实行"双轨制"，内部股权内部流通，外部股权外部流通。一般来说只有公司上市了，并且管理层的股权过了解禁期才可"并轨"享受资本溢价带来的收益。

为了增加动态股权分配机制的激励性，我们也可以在不影响公司市值管理的前提下，通过以下方式来应对：

方式一：设置对外禁售期，比如合伙人在获得股权之后的5年内不能对外转让，5年过后可以自由转让。

方式二：设置价格限制，比如合伙人对外转让的价格不得低于公司最新融资价格的8折，并且受让人需要经过公司审核。

方式三：设置"抽税机制"，比如合伙人对外转让股权时，公司提取转让所得的30%。

方式四：由公司统筹，在公司后续对外融资的时候，统一安排一部分内部股权出售给外部投资人。这种方式是在公司发展非常顺利，公司的股权供不应求的情况下实施的。一方面可让合伙人套现尝到甜头，另一方面可让外部投资机构摊薄其投资成本，买老股的价格往往相对于增资的价格有一个7~8折的折扣。

第十一章
机制的润滑剂：附属条款

未转股的贡献值的表决权和分红权

股权最重要的两项权利就是表决权和分红权。对于小股东来说，分红权要比表决权重要。因此，不管我们为动态股权分配机制设计怎样的附属条款，分红权都是要保证的，而表决权则与持股架构和持股方式有关。

对于尚未达到里程碑，尚未转换为股权的贡献值，其本质上是一种期权，持有贡献值的合伙人还不是公司真正的股东，默认是不享受股权的表决权和分红权的。这是合情合理的。

然而，我们若想把动态股权分配机制设计得更有激励性和吸引性，可以创造性地赋予其分红权。哪怕公司还没有达到下一个分配股权的里程碑，当公司要向股东分配红利时，可以做一个"模拟转股"，按照转股后的模拟股权比例进行分红。这种做法在公司股权尚未被动态分配，或者两个里程碑间隔较长时显得比较必要。例如，一家公司刚开始注册的时候，主要由一个大股东投入资金，初始时他占有公司100%的股权，后来引入了两名合伙人都不持有公司的股权。这时公司设定的里程碑才实现了一半，公司已经取得了不错的业绩，有利润可以分配，正常来说，这些利润应该全部分配给大股东，后面引入的两名合伙人不应该享有。但动态股权分配机制也可以约定在分红时，没有转股的贡献值也可以参与红利分配，可以做一个"模拟转股"的计算。当公司达到里程碑时，约定分配公司的 10 万股，因为里程碑实现了 50%，就按照大家的贡献值分配 5 万股。按照分配了这 5 万股后的股比，分配公司的红利。这样后面引入的合伙人也可以参与公司红利的分配。

类似地，一样可以用"模拟转股"的思路赋予未转股的贡献值拥有像股权一样的表决权，但我觉得这个必要性不是很大。

第十二章

账　本

在前面的章节中,我们讲述了动态股权分配机制的设计。本章我们开始讲述动态股权分配机制的执行与实施。该机制的核心在于"动态调整"。每位合伙人每天在为公司做的贡献都会影响到他们之间股权的分配。因此,我们需要一个能持续记录贡献值的账本。

贡献值账本

我们用一个 Excel 表格作为贡献值账本,如表 12-1 所示,看上去像一个会计账本。每一项贡献就是一条记录。会计记账的目的是反映公司的资产负债状况和盈利状况,而贡献值账本则是反映每个合伙人做贡献的情况。在对很多的贡献值进行记录时,可能都要做对应的会计记录,因此我建议让公司的会计负责记录和维护贡献值账本。

表 12-1 贡献值账本

| 确认日期 | 相关会计凭证 | 记录类型 | 贡献点 | 说明 | 贡献值 | 张三 | 李四 | 陈五 | 曾六 | 王七 | 吴八 |
列1	列2	列3	列4	列5	列6						
2021/1/3	20210103	计提贡献值	合伙人投入现金	合伙人共同投入公司资本金	100000	30000	40000	10000	10000	10000	
2021/1/31	20210106	计提贡献值	全职合伙人的工资	合伙人根据约定少领取的工资	14000	4000	5000	2000	2000	1000	
2021/2/15	20210219	计提贡献值	促成销售	李四利用自己的人脉资源促成销售8万元,5%作为贡献值。	4000		4000				
2021/2/18	20210223	计提贡献值	合伙人投入的物资与设备	李四投入一台调试设备,作价2万元	20000		20000				
2021/2/28	20210228	计提贡献值	融资成功	吴八利用自己的人脉为公司融资400万元,1%作为贡献值。	40000						40000

(续)

确认日期	相关会计凭证	记录类型	贡献点	说明	贡献值	张三	李四	陈五	曾六	王七	吴八
列1	列2	列3	列4	列5	列6						
2021/2/28	20210228	计提贡献值	全职合伙人未领取的工资	合伙人根据约定少领取工资	14000	4000	5000	2000	2000	1000	
2021/3/15	20210320	转股		达到第一个里程碑转股	-192000	-38000	-74000	-14000	-14000	-12000	-40000
2021/3/31	20210330	计提贡献值	全职合伙人未领取的工资	合伙人根据约定少领取工资	14000	4000	5000	2000	2000	1000	
2021/4/5	20210402	计提贡献值	用个人资产为公司担保	陈五用自己的资产为公司贷款担保	3000			3000			
2021/4/8	20210410		促成销售	陈五促成公司销售2万元,5%作为贡献值	1000			1000			
2021/4/10	20210412	提现		陈五对贡献值进行提现	-1000			-1000			

(续)

确认日期	相关会计凭证	记录类型	贡献点	说明	贡献值	张三	李四	陈五	曾六	王七	吴八
列1	列2	列3	列4	列5	列6						
2021/4/15	20210415		合伙人投入现金	合伙人再次投入公司资本金	100000	30000	40000	10000	10000	10000	
2021/4/19	20210416	计提贡献值	促成销售	吴八促成公司销售10万元，5%作为贡献值							5000
2021/4/20	20210418	提现		吴八对贡献值进行提现							-5000
				合计	117,000	34000	45000	15000	12000	11000	—
						29.06%	38.46%	12.82%	10.26%	9.40%	0.00%

每条贡献记录应该至少含有图 12-1 中的要素。

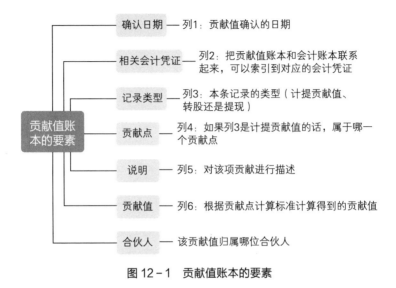

图 12-1 贡献值账本的要素

奖金账本

如果公司设置了一些可提现的贡献点，那就需要设置对应的奖金账本，用于记录提现情况。群蜂社的动态股权分配机制与个人的年度奖金机制是完全打通的，所有的贡献点都可以提现。合伙人有权决定自己的报酬形式：现金或者是未来的股权。年终给自己发多少奖金，也是自己决定，把贡献值提现出来就是自己的奖金。像群蜂社这种情况，一个合伙人做了贡献，获得了贡献值，意味着公司未来可能有一笔"负债"，但这笔"负债"有很大的可能不需要还，只要公司做得越好要还的概率就越小。这样的负债在会计准则中被称为"或有负债"，需要进行记录，如果是上市公司的话还需要披露。贡献值账本的贡献值中如果有可提现的，而且仍然在可提现期，则构成了"或有负债"。如果合伙人提出提现要求，那这个"或有负债"就成为了名副其实的"负债"——公司未来要支付的现金流。我们建立了一个奖金账本来记录这部分公司的负债。

合伙人提出提现请求与支付给他们现金之间可能有一个或长或短的时间间隔。当合伙人提出提现请求时，贡献值从贡献值账本中转入到奖金账本。当公司实际支付奖励时，则从奖金账本中转出。这个账本的余额就是应付但还没有实际支付出去的奖金（见表12-2）。

表12-2 奖金账本

确认日期	相关会计凭证	说明	贡献值	张三	李四	陈五	曾六	王七	吴八
2021/4/10	20210412	陈五提出提现请求	1000			1000			
2021/4/20	20210418	吴八提出提现请求	5000						5000
2021/4/25	20210425	支付现金给吴八	-5000						-5000
		合计	1000	-	-	1000	-	-	-

股东名册和账本

建立公司的股权名册和账本是对公司进行市值管理的基础，为公司持续获得外部融资提供了数据支持。公开透明的股权账本和股东名册可以展示公司落实动态股权分配机制的决心，增加股权激励计划的激励性，让被激励者更有获得感。公开透明意味着每个人都可以随时备份账本，不容易篡改，让被激励者更有安全感。

案例 | 在线教育领域甲公司

- 于2016年1月1日设立，实行动态股权分配机制。甲公司将动态分配的股权池全部装入了一个合伙企业（股权池合伙企业），分三个里程碑对该股权池的股权进行分配。

甲公司初始的股权架构如图12-2所示。

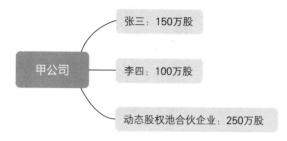

图 12-2 甲公司初始的股权架构

- 2018 年 12 月 31 日，公司进行了第一次股权分配。
- 2019 年 6 月 30 日，公司对外进行了一轮融资，融资价格为 8 元/股，向两家创业投资机构 ABC 资本和 XYZ 资本各增发股权 25 万股。
- 2019 年 11 月 30 日，陈七离职，其在第一个里程碑获得分配的股权进入可回购期。
- 2020 年 6 月 30 日，公司以 4 元/股的价格回购陈七全部股权。
- 2020 年 12 月 31 日，公司达到第二个里程碑，分配第二个里程碑的激励股权。
- 2021 年 3 月 31 日，曾六以 6 元/股的价格进内部转让，把第二个里程碑获得的激励股权转让给另外一个合伙人王五。

我们可以使用 Excel 或者任何一个数据库建立对应的股权账本，记录上述事项。表 12-3 是我用 Excel 建立的股权账本。

表 12-3 股权账本

股权变动日期	股权变动说明	股东名称（一级）	股东名称（二级）	股权类型	股权获得成本（元/股）	股数变动（股）	解除禁售日期	最晚回购日期
2016年1月1日	初始注册	张三	张三	原始股权	1	1500000	2016年1月1日	
2016年1月1日	初始注册	李四	李四	原始股权	1	1000000	2016年1月1日	
2016年1月1日	初始注册	股权池合伙企业	未分配股权	原始股权	1	2500000	2016年1月1日	
2018年12月31日	第一次股权分配	股权池合伙企业	未分配股权	原始股权	1	-1000000	2016年1月1日	
2018年12月31日	第一次股权分配	股权池合伙企业	王五	第一个里程碑激励股权	3	500000	2020年12月31日	
2018年12月31日	第一次股权分配	股权池合伙企业	曾六	第一个里程碑激励股权	3	300000	2020年12月31日	
2018年12月31日	第一次股权分配	股权池合伙企业	陈七	第一个里程碑激励股权	3	200000	2020年12月31日	

第十二章 账本

（续）

股权变动日期	股权变动说明	股东名称（一级）	股东名称（二级）	股权类型	股权获得成本（元/股）	股数变动（股）	解除禁售日期	最晚回购日期
2019年6月30日	A轮融资	ABC资本	ABC资本	融资增发股权	8	250000	2019年6月30日	
2019年6月30日	A轮融资	XYZ资本	XYZ资本	融资增发股权	8	250000	2019年6月30日	
2019年11月30日	陈七离职	股权池合伙企业	陈七	第一个里程碑激励股权	3	-200000	2020年12月31日	
2019年11月30日	陈七离职	股权池合伙企业	陈七	第一个里程碑激励股权	3	200000	2020年12月31日	2020年11月30日
2020年6月30日	公司以4元/股价格回购陈七股权	股权池合伙企业	陈七	第一个里程碑激励股权	4	-200000	2020年12月31日	2020年11月30日
2020年6月30日	公司以4元/股价格回购陈七股权	股权池合伙企业	未分配股权	原始股权	4	200000	2020年6月30日	

（续）

股权变动日期	股权变动说明	股东名称（一级）	股东名称（二级）	股权类型	股权获得成本（元/股）	股数变动（股）	解除禁售日期	最晚回购日期
2020年12月31日	第二次股权分配	股权池合伙企业	未分配股权	原始股权	1	-500000	2022年12月31日	
2020年12月31日	第二次股权分配	股权池合伙企业	王五	第二个里程碑激励股权	5	100000	2022年12月31日	
2020年12月31日	第二次股权分配	股权池合伙企业	曾六	第二个里程碑激励股权	5	200000	2022年12月31日	
2020年12月31日	第二次股权分配	股权池合伙企业	吴八	第二个里程碑激励股权	5	200000	2022年12月31日	
2021年3月31日	曾六以6元/股价格内部转让股权给王五	股权池合伙企业	曾六	第二个里程碑激励股权	6	-200000	2022年12月31日	
2021年3月31日	曾六以6元/股价格内部转让股权给王五	股权池合伙企业	王五	第二个里程碑激励股权	6	200000	2022年12月31日	

建立该账本后，我们可以轻松地对其进行统计。例如，我使用 Excel 的数据透视表，可以快速获得最新的股权状态（见图12-3）。

图 12-3　利用数据透视表获得股权名册

账本中的字段值得说明的是"股权获得成本"，原始股权和外部增发股权是很容易确定的。而激励股权的获得成本可能是"行权价格"，也可能是按照你制定的机制，合伙人获得该股权对应要放弃的"提现金额"，即他的机会成本。至于成本是多少，怎么定，这与你所制定的贡献点规则密切相关。

建立内部股权交易所为股权提供流动性

有流动性的股权的价值要比没有流动性的股权的价值大。适度增加股权流动性，就是增加股权的价值和其激励性。初创企业要IPO登录资本市场需要很长的时间，在公司上市之前，我们可以建立一个内部的"迷你股权交易所"，让股权可以在内部流动起来。让合伙人既可以增持公司的股权，也可以提前兑现一部分股权尝到卖股权的甜头。群蜂社就有一个挂牌制度，允许和鼓励内部相互转让。任何有兴趣买入和卖出股权的合伙人，都可以在我们建立的文件中做登记，以便于我们收集内部股权买卖的真实意愿。只要买卖双方能够达成一致，公司可以为其提供股权转移的便利。

见表12-4，在挂牌方中，有一个"合伙人"名字叫做"股权激励池"，表示公司愿意以4元/股的价格，在2022年年底前回购最多50万股。这也就释放了一个信号：你所获得股权是随时可以按照这个价格变现的，相当于告诉你公司的"兜底价"。另外，从挂牌情况来看，甲公司的股权的边际交易价格大概为5.5~6.6元/股（即最高的意愿买价和最低的意愿卖价之间）。

表 12-4 甲公司内部股权交易挂牌

股权买方挂牌

日期	合伙人	挂牌价格（元/股）	股数（股）	有效期
2021年1月1日	股权激励池	4.0	500000	2022年12月31日
2021年1月1日	张三	5.0	100000	2022年12月31日
2021年1月5日	王五	5.5	200000	2022年12月31日

股权卖方挂牌

日期	合伙人	挂牌价格（元/股）	股数（股）	有效期
2021年1月1日	李四	8.0	100000	2022年12月31日
2021年1月5日	曾六	7.5	200000	2022年12月31日
2021年1月8日	吴八	6.5	100000	2022年12月31日

给公司股权定价，在企业投融资、合并、分立等资本运作手段中非常重要。公司股权有很多定价的方法，一般需要综合考虑不同的定价标准。以甲公司为例，结合上一小节的举例，我们这里可以罗列出一些价格：

- 按照最新的内部交易价格：6元/股（2021年3月31日，曾六以6元/股的价格转让给王五）。
- 按照内部转让买卖：5.5~6.6元/股之间。
- 按照向外部投资人增发股权的价格：8元/股。
- 按照最新一次动态股权分配合伙人获得股权的行权价值：5元/股。

当然还有很多的估值方法，比如按照公司未来的现金流折现、市盈率、市净率等。综合考虑，你会对公司股权的合理价格有一个基本的认知。